モチベーション・マネジメントの真髄

塑造奋斗者

松下幸之助积极性管理的精髓

[日] 小笹芳央 著

陈颖 译

图书在版编目（CIP）数据

塑造奋斗者：松下幸之助积极性管理的精髓 /（日）小笹芳央著；陈颖译 . —北京：机械工业出版社，2022.8
ISBN 978-7-111-71384-5

Ⅰ. ①塑… Ⅱ. ①小… ②陈… Ⅲ. ①松下幸之助（1894-1989）- 生平事迹 ②松下幸之助（1894-1989）- 企业管理 - 经验 Ⅳ. ① K833.135.38 ② F431.366

中国版本图书馆 CIP 数据核字（2022）第 146032 号

北京市版权局著作权合同登记　图字：01-2022-2559 号。

MOTIVATION MANAGEMENT NO SHINZUI
Copyright © 2017 by Yoshihisa Ozasa.
Simplified Chinese Translation Copyright © 2022 by China Machine Press. Simplified Chinese translation rights arranged with PHP Institute, Inc. Original Japanese edition published by PHP Institute, Inc. This edition is authorized for sale in the Chinese mainland (excluding Hong Kong SAR, Macao SAR and Taiwan).

No part of this book may be reproduced or transmitted in any form or by any means, electronic or mechanical, including photocopying, recording or any information storage and retrieval system, without permission, in writing, from the publisher.

All rights reserved.

本书中文简体字版由 PHP Institute, Inc. 授权机械工业出版社在中国大陆地区（不包括香港、澳门特别行政区及台湾地区）独家出版发行。未经出版者书面许可，不得以任何方式抄袭、复制或节录本书中的任何部分。

塑造奋斗者：松下幸之助积极性管理的精髓

出版发行：	机械工业出版社（北京市西城区百万庄大街 22 号　邮政编码：100037）
责任编辑：	张　楠
责任校对：	郑　婕　王　延
印　　刷：	保定市中画美凯印刷有限公司
版　　次：	2022 年 11 月第 1 版第 1 次印刷
开　　本：	147mm×210mm　1/32
印　　张：	7.625
书　　号：	ISBN 978-7-111-71384-5
定　　价：	59.00 元

客服电话：(010) 88361066　68326294

版权所有·侵权必究
封底无防伪标均为盗版

CONTENTS 目 录

总　序　儒家思想、日本商道与松下幸之助
译者序　造物先造人：松下幸之助的经营理念
前　言

导论　　　　　　　　　　　　　　　　　　　　　　1

第 1 章　赋予新的意识　　　　　　　　　　　　　　9

时间的魔法 ☞ 改变时间轴　　　　　　　　　10

延长时间轴　　　　　　　　　　　　　　　　12
忍耐十年吧　　　　　　　　　　　　　　　　12

把尺度做得更大　　　　　　　　　　　　　　20
250 年计划　　　　　　　　　　　　　　　　20

缩短时间轴　　　　　　　　　　　　　　　　24
一步一步、脚踏实地　　　　　　　　　　　　24

把跨度加宽	30
过好每一刻的人生	30
传达公司的历程、历史、传统	34
了解公司的历史	34
时间穿越的视角	41
热泪盈眶的热海会谈	41
对交货期的最后一击	46
完不成就提着脑袋来见我	46
空间的魔法 ☞ 改变视野和视角	50
从高处眺望，视野更开阔	52
在最高处的会议	52
从自己的视角切换到经营的视角 1	56
这是对员工说的理由	56
从自己的视角切换到经营的视角 2	59
经营者的孤独	59
采取积极而不是消极的态度	62
伟大的结果	62
扩大视野的对比表现	66
世界会等你吗	66
企业的发展是由社会决定的	66

怀疑固有的思维方式	70
一家两台，国际的收音机	70
在其他行业也可以学到东西	73
去鱼店学习	73
聚焦的效果	76
创建电饭煲事业部	76
关注全社会的视野	80
无偿公开收音机专利	80

第 2 章　引导出新的行动　　83

目标的魔法 1 ☞ 用榜样或更高的目标来指引前进方向	84
以专业的态度学习	86
北海道的眼镜店老板	86
了解工作的终极目标	91
这项工作的目的是什么	91
这个产品是干什么用的	98
收音机做得再薄也得有个好音质	98
将目光从物转向事	101
令人身心愉悦的工作	101

| 社会使命这一终极目的 | 106 |
| 顿悟企业家使命的那一天 | 106 |

目标的魔法 2 ☞ 明确禁止事项，引导其走向正确的方向 116

明确"不能做什么"	118
不能成为光秀	118
不光有输出还要有输入	122
不能只是"读书"	122
制定一个绝不妥协的标准	126
不能出卖你的良心	126
要以价值为基础思考问题	130
不能只买便宜的	130
每天增加信任余额	135
不能违背诺言	135

安心的魔法 ☞ 背负责任去干 140

下属的行动才是最强的撒手锏	142
你一定能做到	142
勇于尝试，没有做不成的事	147
不能比这更差	147
张开安全网	151
你工作得太辛苦了	151

观察着对方的变化而做出反应	154
第一次是体验，第二次是失败	154
伸出热情的援手	157
和疾病成为朋友	157
提拔人才：考虑大家的情绪	160
提拔人才需要考虑地位下降之人的感受	160
为了更容易提升成果，下放权力	166
交给你，但不是扔给你	166
一条"抓紧救生索"的留言	174
电话教育	174
你可以向和你不投缘的上司学习	178
就算你侍奉一个坏主人	178

第 3 章 落实在行动上 183

习惯的魔法 ☞ 锁定正确的新行动	184
养成态度积极的好习惯	187
成功的秘诀	187
开启 PDCA 的循环	196
早上计划，白天执行，晚上反省	196
重复程序，提升人性	200
为了不要忘却的记忆	200

充分发挥团队的力量 208
经常诵读 208

利用语言的力量 213
分享体验 213

结束语 222

FOREWORD　总　序

儒家思想、日本商道与松下幸之助

在中国，历史悠久的企业被称为"百年老店"或"老字号"。根据日经 BP 在 2020 年的调查，全球百年企业有 80 066 家，其中 33 076 家是日本企业，占全球百年企业的 41%。也就是说，日本是世界上拥有百年企业最多的国家。全球拥有 200 年以上历史的企业有 2051 家，其中 1340 家是日本企业。㊀

为什么日本有这么多长寿企业？因为很多历史悠久的日本企业都有自己的"家训"和"家规"，被后继者传承和遵守。

㊀ 雨宮健人. 世界の長寿企業ランキング、創業 100 年、200 年の企業数で日本が 1 位［EB/OL］.（2020-03-18）［2022-06-06］. https://consult.nikkeibp.co.jp/shunenjigyo-labo/survey_data/I1-03/.

日本伊藤忠商事株式会社是为数不多的综合性贸易公司之一，继承了近江商人的经营理念，其核心是三方好（买方好，卖方好，社会好）。也就是说，企业不能只关注自己的利润，还要回应客户和相关方的期待，从而为社会做出贡献。

大丸松坂屋百货的"家训"是"先义后利"，茂木家族[一]的"家训"是"家人需以和为贵，切记德为本、财为末"。它们绝不做无义无德的生意。在它们看来，利润不是目的，而是企业为社会做出贡献后获得的回报。由此可见，这些百年企业的"家训"深受儒家思想的影响。

儒家思想大约在公元5世纪传入日本，公元6世纪佛教也传入日本。儒家思想被僧侣和贵族作为教养来学习，在16～17世纪被武士阶层作为统治思想付诸实践。

[一] 茂木家族，拥有日本著名的酱油品牌"龟甲万"。

18世纪初，一位名叫石田梅岩⊖的町人思想家，深受儒家和佛教思想的影响，开始倡导石门心学，他的弟子更是在日本各地开设心学讲舍，向平民百姓传播儒家的道德观。在明治维新前的100年里，日本各地共开设了173所心学讲舍。

大约在同一时期，大阪商人在船场⊜成立了一所专门面向大阪商人的学堂——怀德堂，是商人学习儒家思想的场所。

像心学讲舍和怀德堂这样对平民百姓和商人传播儒家思想的场所，对大阪商人群体的经商之道产生了巨大影响。18～19世纪，儒家思想作为一种普遍的道德观念渗透到日本的平民阶层。

1904年，松下幸之助在小学四年级中途辍学，

⊖ 在日本近代化的历程中，町人阶级（城市商人）迅速发展。石田梅岩是日本江户时代的町人思想家，创立了石门心学。该学说的着眼点是处于士农工商中身份最低的商人，主张商人存在的必要性和商业赢利的正当性，也强调了商人应该"正直赢利"和"俭约齐家"。

⊜ 船场，日本地名。

到 1910 年为止的这 6 年，他在船场度过了多愁善感的少年时代。就是在这个时期，他亲身体会到以船场为代表的经商之道——关西商法。

关西商法的根本是"天道经营"，也就是顺应天道，正确经营。正确经营的思考方法有三种：奉公（遵纪守法，报效国家）、分限（安守本分，不做超越自己能力的事情）、体面（坚守信用，获得信赖）。正确经营的行为准则有三条：始末（以终为始，确定目标，定期结算）、才觉（求创意，差异化经营）、算用（做好成本管理）。这些思想在松下电器的纲领㊀、信条㊁、七精神㊂及组织、制度中被运用，传承至今。

日本的大实业家涩泽荣一出生于 1840 年，被称为"日本现代经济之父"。他一生参与了 500 多家公

㊀ 纲领：贯彻产业人之本分，努力改善和提高社会生活水平，以期为世界文化的发展做贡献。
㊁ 信条：进步与发展若非得益于各位职工的和睦协作，殊难实现。诸位应以至诚为旨，团结一致，致力于公司的工作。
㊂ 七精神：产业报国之精神、光明正大之精神、团结一致之精神、奋发向上之精神、礼貌谦让之精神、改革发展之精神和服务奉献之精神。

司的创建，包括引进欧美的合资公司制度和现代工业。涩泽荣一倡导道德与经济合一，他的著作《论语与算盘》在100多年后的今天仍然被众多商业领袖广为阅读。

受儒家和佛教思想的影响，诞生于江户时代的关西商法，通过涩泽荣一、松下幸之助和稻盛和夫等商业领袖的思考、实践与传承，今天仍然是日本企业长寿经营的思想支柱。中国的企业家们已经关注到这一现象。我们期待松下幸之助经营哲学书系能够给大家提供有益借鉴。

木元哲

松下电器（中国）有限公司前总裁

零牌顾问国际导师

中国广州

2022年6月

译者序 THE TRANSLATOR'S WORDS

造物先造人：松下幸之助的经营理念

    松下幸之助被当今的世人誉为"经营之神"，他在半个多世纪之前就提出了许多经营理念和经营实践的理论。他的经营理论超越了时代。尤其是在当今中国制造业所处的由大到强的升级时期，他的很多理念和方法对中国制造业和其他众多领域都有着非常重要的借鉴意义。

    松下幸之助一生热爱学习，并深受"日本实业之父"涩泽荣一的著作《论语与算盘》的影响，在日本被誉为"一手拿着《论语》，一手拿着算盘的经营之神"。他注重结合中国的儒家思想与西方的商业伦理观来经营企业，并逐渐创建了一套经营哲学理论。

这些理论如今已成为商业常识，为广大企业家所推崇，这在我从事企业咨询的过程中也得到了充分的验证。

本书特别介绍了松下先生在人才培养方面独特的理论和实践技巧，具体来说，就是让管理者具备沟通技巧和鼓舞人心的能力，提高认识并付诸行动。目前中国的制造型企业（特别是民营企业）经历了从第一代创业者到第二代继任者的传承时期，现在处于人力资源成本持续上涨的阶段。我们要了解并掌握如何重用擅于管理的人、如何让企业永续经营的方法，这样可以让企业的经营更加顺畅，进而实现企业永续经营的目的。

这些内容并不难掌握，掌握它们有助于提高自己的管理能力和领导能力。即使你不是松下幸之助那样的"经营之神"，但如果你正确理解了它们的含义并付诸实践，也一定能够掌握它们。

我翻译并研究松下先生的经营哲学，完全是由于我过去近 40 年在制造业的工作经历（其中包括近 10 年的企业管理和咨询的社会实践），让我充分意识到在中国的制造型企业中，运用中国儒家思想与现代管理科学相结合的企业治理方式的重要性。

由于工作关系，我经常带着国内企业的高管去松下电器参观，并非常幸运地于 2015 年到访过位于大阪的松下先生的家，在那里聆听了松下先生的创业经历以及松下电器的发展历史。松下电器能成为世界著名的企业，和松下先生"造物先造人"的经营理念有着密不可分的联系。

松下先生在造物方面一直秉承的理念都是"造物先造人"。年轻的松下先生在推销自己公司的产品时，被客户问到"你们是生产什么产品的公司"，松下先生想了一下回答"我们是培养人的公司"。

这就是他的理念。从创建自己的公司开始，松下先生一直奉行着"造物先造人"的经营理念。

我被松下先生"造物先造人"的经营理念所影响，一直致力于把这个理念推广到中国的企业中。2019年元宵节那天，我们松下咨询团队与苏州固锝电子股份有限公司签订了精益管理的咨询项目。其董事长吴念博先生推崇儒家文化的仁爱之心，对于松下先生"造物先造人"的经营理念深表认同。向所有员工做出了"一旦进入固锝的大家庭，就永远是固锝人"的承诺，让全体员工团结一心，在半年的项目总结大会上，两个分厂的两条样板线分别取得了效率提升284%和269%的前所未有的业绩。这正是松下先生"造物先造人"的经营理念的力量，也是吴念博董事长的仁爱之心在企业治理方面的体现。

一灯照隅，万灯照国。如果每个行业都能出现松下电器这样的企业，我们就能改变整个商业文明的走向，从利己的文明走向利他的文明。

通过翻译这本书，我深刻地领悟了松下先生在育人方面的方法与心得,这本书为我们中国的企业家以及各个领域的经营管理者提供了极好的方法和指南。

陈颖

华和汇智(北京)科技有限公司董事长

2022 年 5 月 4 日

PREFACE　前言

写这本书之前，我已经很久没有写其他的书了。以前我有幸出版了几本书，涉及动机理论、领导力理论和组织理论等内容。作为人事顾问和上市公司的经营者，我感觉自己积累的所有知识已经穷尽，所以这几年我停止了写作。

前段时间，我接到了PHP研究所的委托，他们希望我写一本介绍松下幸之助的书。松下幸之助被称为"经营之神"，对我来说也是一个传奇的伟人。我曾经犹豫过对于这样一个伟人，我对他的故事和讲话进行解读，是不是有些僭越了呢？但最终我还是决定大着胆子，用自己的方式将那些内容编写成书并将其出版以供世人阅读。我们可以从他的故事和讲

xx

话中学到很多内容，它们超越了时代，具有普遍性，我坚信它们对苦于人力资源管理的领导者来说是一个宝库。"复活松下幸之助的人力资源管理理论""尝试将与松下幸之助有关的珍贵故事和讲话系统化"，这些都是我给自己定下的主题。执笔本书时，我时时告诫自己这是一个光荣的任务。

像松下先生这样的人，定会有各种对他的研究，并留下大量的资料。因此为了忠实地继承前辈们的成果，我非常用心地撰写本书。本书的引用部分有两种类型："以第三者的角度讲述松下先生的逸闻趣事"和"转载松下先生的作品"。前者主要是以逸闻趣事为基础解读松下先生，并未标记出处，后者则忠实地转载了原文。

市面上有很多关于人力资源管理的书，但本书是一次全新的尝试，它让我引以为豪。因为它介绍了许多超越时间和空间的普遍的人力资源管理良策。作为作者，我真诚地希望更多的读者能够有效地利用它，让各种各样的组织和员工大放异彩。

INTRODUCTION　　导　论

- 邂逅松下幸之助

我 20 多岁时，在书店买了松下幸之助的《开辟道路》一书。这是我与松下先生的第一次相遇。

当时我在 Recruit 集团的人力资源部负责招聘工作。有位与我同时进入公司的同事辞职后准备自己创业，于是我萌生了临别赠书的念头。那时，我兴致勃勃地走进书店，无意中看到了《开辟道路》。

翻阅了几页之后，我觉得在同事不确定自己能否创业成功的情况下，这本书似乎很合适他。所以我就买来送给他，顺便也给自己买了一本。当时我在银座的数寄屋桥的旭屋书店。

读完此书，我发现松下先生的工作观、经营观，甚至人生观都让人印象深刻，就这样，我被他吸引了。

自《开辟道路》开始，我从松下先生各种各样的讲话和故事中得到了作为社会人生存的重要指南，特别是关于"企业对于社会责任的态度"和"与员工建立关系的方法"的内容，对我而言就像教科书一样。我反复阅读这些内容，思考其意义，并不断地自问自答。

从 Recruit 集团离职后，我创立了 Link & Motivation 公司，经营至今。

- **不能吸引人的企业是处于衰落期的企业**

让我们思考一下"为什么现在这个时代仍属于松下幸之助"这个问题。答案是：松下幸之助的思想在当今仍能非常有效地凝聚有多元化的工作动机的劳动者的心。不能吸引人的企业终将是会衰落的。

从第二次世界大战后的重建期到高速成长期再到

泡沫高峰期，绝大部分人的工作动机都是"我要努力挣钱"，也就是"要让自己和家人吃饱饭"。

之前是一个物资匮乏的时期，或者说就算是能保证日常的生活，也在全体国民的心中留下了那种物资匮乏的印象，所以在每个人的心里都还有变得更富有的想法，大家还在继续努力。当时，大家的工作动机都很单一。

但是现在，随着每个人富裕程度的提高，工作动机也变得多种多样了。

"为什么要工作？你为了什么工作？"答案不仅仅是"为了钱"，还有"我想为他人做点贡献""我想被某人认可""我想成长""我想自我实现"等。

另外，最近有越来越多的大公司争相推动多元化。这是为了吸引具有不同性别、价值观、生活方式、工作方式等的各种人才，其结果是工作动机正在快速地变得更加多样化。虽然公司多元化的程度有大有小，但毫无疑问这种趋势在未来还会继续扩大。

企业需要具有将这些不同工作动机的人聚集在一起的整合能力。具体来说就是召开全体员工大会，用语言来表达企业的理念和愿景，或者以举办社内旅行和运动会的形式，培养员工的集体感，提高员工的满意度。

本来，越是多元化，就越需要把精力放在开发、整合人力资源上，但是目前大多数推动多元化的企业似乎都没有在这上面下功夫。

在过去的两三年中，我接到了很多企业向我提出"想弥补缺少多元化的问题""想再次好好总结多样性"的咨询请求。有很多企业准备在多样性方面下功夫。

换句话说，人才管理的难度比以往有了飞跃性的提高。

以前，日本的企业主要采取终身雇用制和年功序列制⊖的方式，所以我们不必考虑眼前的下属明天可

⊖ 年功序列制，指员工的基本工资随员工本人的年龄和企业工龄的增长而每年增加，而且增加工资有一定的序列，按各企业自行规定的年功工资表的次序增加，故称年功序列工资制。——译者注

能会辞职。但是现在，只要你在电脑上搜索一下，就可以看到各种求职的信息。换句话说，人才是流动的，辞职很简单。

另外，经济趋向软性化、服务化，也就是说，第三产业占GDP比重在迅速上升。待客之道、工作动机，以及与人力资源相关的理念，正在成为当今时代影响企业竞争的核心因素。这意味着人才的价值比以前更高了。

特别是在现代，产品周期越来越短，新的商业模式和产品被迅速地模仿、取代、淘汰。企业急需培养企业文化并且聚集人才，以便快速应对这些变化并创造新产品。

从这些因素来看，各企业除了迄今为止一直在与竞争对手争夺客户之外，最高命题是"确保有更好的人才并让他们继续工作，这样才能取得最大的成果"。简而言之，各个企业必须成为被劳动者选择的企业。而且，不仅是被劳动者选上，企业还必须让员工在感受到工作价值的同时，以强烈的动机，带着使命感工作，感受到企业的魅力。

如果现在做不到这些，那么店铺就不得不停业，便利店不能 24 小时营业，公司不能开展新的业务，这些问题会频繁地出现在服务业中。

我们可以发现在被誉为"经营之神"的松下幸之助相关的各种各样的故事中，有着完全不受时代影响的普遍的人才管理技术。

我作为企业的顾问和经营者，从企业如何吸引员工的角度，编辑整理了松下先生的许多故事，写就本书。

▪ **吸引员工、引导员工行动的三个步骤**

本书根据以下三个步骤编辑整理了松下先生的许多故事。

- 解冻
- 改变
- 再次冻结

通常在日常工作中，几乎所有企业的经营者都会强制要求员工进行改变。但是，单纯的说教很难改变员工，让员工成长，让员工主动行动。

如果不只是口头的要求，而是在"改变"之前先有一个"解冻"的步骤，那么结果将会发生变化。所谓"解冻"，就是打破员工的固有观念，允许员工感到迷茫，并给予员工新的认识。没有这个过程，无论你怎样要求员工改变，员工也不会出现任何变化。

松下先生的故事，充分体现了"解冻"的内容。

一旦实现了"解冻"，下一步就将进入"改变"。"改变"就是在员工迷茫的时候，给予员工新的目标，为了让员工勇敢地朝着那个目标前进，企业的经营者需要在背后支持员工。

此外，如果"改变"让员工出现了明显的变化，那么下一步就是要"再次冻结"。这意味着让员工把"改变"当成一种习惯。

最重要的是这三个步骤要一步一步地完成，不要操之过急。

在本书中,我将以自己的视角,介绍和解读松下先生的故事。

即将到来的时代将重视擅长人才管理的人。具体来说,就是那些具备沟通技巧和鼓舞人心的能力,让员工提高认识并付诸行动的人。

事实上,任何人都可以提高管理能力和领导能力。即使你不是像松下幸之助那样被称为"管理之神"的领袖人物,只要你正确理解了其中的含义并付诸实践,也一定能掌握它。

通过本书,如果你能获得不分行业的通用管理知识,让尽可能多的人感受到人力资源管理的深度和真正的乐趣,那么我将非常高兴。

CHAPTER 1
第 1 章

赋予新的意识

> 时间的魔法

改变时间轴

所谓"时间的魔法",从结论上讲就是切换人们固有的时间观。例如,当眼前的事情变得非常窘迫的时候,可以延长时间轴,给予对方长期的视角。相反,如果只顾着将来和长期的事情而忽略眼前的事情,则会让对方聚焦在眼前。

能吸引并带领人们行动的三个步骤中的第一步是"解冻"。它可以打破人们的固有观念并赋予人们新的见解。"时间的魔法"和"空间的魔法"能对成功"解冻"起到很好的作用。换句话说,把本来支配我们的思维方式替换成"时间与空间",就可以给我们带来改变。

我们首先从"时间的魔法"中总结一下要点。

所谓"时间的魔法",从结论上讲就是切换人们固有的时间观。例如,当眼前的事情变得非常窘迫的时候,可以延长时间轴,给予对方长期的视角。相反,如果只顾着将来和长期的事情而忽略眼前的事情,则会让对方聚焦在眼前。

正是在"长期-短期"之间的自由切换,才能让人们打破无意识的固有观念,引导出新的意识。

那么,切换到什么样的时间轴会更有效呢?这根据情况的变化而有所不同,在松下先生的故事和讲话中,我们随处可以看到他有效地利用"时间的魔法"的场景。

那么,接下来让我们来看一些故事。

延长时间轴

忍耐十年吧

那是1936年的事情了,松下电器分公司之一的松下干电池公司聚集了35名新员工,召开了围绕松下幸之助的恳谈会。

当主持人问到有没有什么感想的时候,一位新员工站了起来。

"我想辞职,但现在没地方可去,所以还在这儿。我认为松下电器是一家不讨人喜欢的公司。"

松下幸之助问"为什么呢",新员工说自己有业余无线电的资格证书,如果可能的话,想进入跟无线电有关的地方工作。他还说:"松下无线电公司的人来我们学校招聘,我原以为一定能进入松下无线电公司呢,却没想到事与愿违,被分配到了松下干电池公司,说这是个很过分的做法也不为过吧。"这个年轻人倒也是性格直率啊。

"那你现在在做什么?"

"在混合场实习,每天都是一身漆黑。"

混合场是将干电池中的石墨和二氧化锰混合在一起的地方,当时在那里也确实是手、脸、工作服都被弄得黑乎乎的,也是最脏的工作场所之一。

"我倒是觉得你来到了一个很好的地方。真的,松下电器是个不错的公司。你就当是被我骗了,再忍耐10年吧。忍了10年之后,如果感觉和现在一样,你就再来找我,使劲地打我的头,并大声说'松下幸之助,你白白糟蹋了我10年的青春',你看这样好不好?但我有信心不会被你打。"

大约20年后,这位新员工成了松下干电池公司的厂长。

我常说"打工三天,劳务派遣三个月,全职三年"。

这说的是入职之后是否继续工作的时间转折点。如果能够连续打工三天,那么第四天也不会变,还会继续。

之所以会出现这样的转折点,是因为在打工的情况下,如果连续工作三天,基本上就能知道工作内容了。"啊!原来就是这样的工作啊!"在劳务派遣的情况下,我认为通常需要三个月。

对于全职员工来说也是一样。经过三年,在某种程度上就算没有上级的监管,也已经能独立工作了。"就是这些啊""我看也没什么新鲜的了",有这样的想法后,他就想要去探索其他领域。这种只看眼前的思维方式,特别是在年轻人中会比较多。

我现在可以说,作为一个商人,我经过三年、五年、十年的磨炼,终于成了一个成熟的商人;作为顾问,我做了十年到十五年,总算成了一个合格的顾问。但是,当我是一个新员工时,一年一年地熬着,

第 1 章
赋予新的意识

在看到当时 Recruit 集团的负面新闻时，我偶尔也会想我要不要辞职。

年轻的时候，人们由于缺乏自信和经验，所以很容易处于迷茫的状态，不知不觉中视野就变窄了。

我经常对新员工说："你们现在如果是站在社会人的起点看的话，就像排在长队的尾端一样。可是排了十几、二十年以后，你会发现你排在了前排，那时你看到的风景应该和现在看到的不一样。"

所以我说新员工需要忍耐十年，"修行"和下定决心。如果不事先告诉他们，两三年后他们当中就会出现所谓看透了社会的人。

从以上内容可以看出"年轻时往往目光短浅"这一点，但其实还有一点也要列举出来，就是"劳动不同于消费行为"。

在消费行为当中，等价交换是成立的。例如，在便利店支付 100 日元就可以得到 100 日元的瓶装水。在这个阶段，等价交换是成立的。

最近,这种思维方式也变得非常普遍,甚至在大学和职业学校,似乎也有很多人都有"我出这么多钱,就得给我上这么多课""把休息的时间以补课的形式偿还给我"的想法。

习惯了这种思维的年轻人,也倾向于在劳动力市场上寻求等价交换。三年后,他们也会认为"我已经尽了这么大的努力,怎么我才拿到这点薪水"。

但是,这个想法漏掉了重要的一点。如果真的是等价交换,那么当你还是一个新员工,没有足够的工作经验,还处在被培养的阶段时,是不应该拿工资的。

我年轻的时候就将"工作的报酬就是工作"这样的想法深深地印在脑子里。

年轻时不要在乎回报,首先是多做工作,渐渐地你会与周围的人建立起信任关系,你会得到一份更大的工作。此外我还被告知,被选中后机会就会造访你,接下来巨大的利益会找到你,工作就是这样。不

第 1 章
赋予新的意识

要只计算眼前（只看符合自己的需求）的损益得失，应该从中长期的视角看待工作。

- **延长部下的时间轴**

一方面，对于管理者来说，具备延长部下时间轴的视角很重要。

松下先生的"忍耐十年"的故事，也是如出一辙。

当遇到一个为今天、明天忧心忡忡的 26 岁的青年时，我会说"你怎么度过到 30 岁的这 4 年时间，你怎么成长，关系到你之后的生活会发生怎样的变化"，这样就延长了他的时间轴。

如果是 35 岁的人，我会说"你如何度过到 40 岁的这 5 年时间，将决定你之后的生活"。

如果你看到"到 30 岁的这 4 年时间"或"到 40 岁的这 5 年时间"的长时间轴，就能像跨越跨栏一样轻松而积极地面对眼前的苦难。

心理学上有一种人类有提前 3～5 年寻找希望的

说法。通过延长时间轴,可以激励部下,提高部下的觉悟和动机。

- **延长时间轴的自我管理方法**

虽是那么说,但是人们也会由于日常的忙碌、公司的问题、工作上的烦恼等,偶尔变得短视,产生心都要被折腾得碎了的感觉。

在这种情况下,我们可以在个人电脑上用Excel创建一个"六年的时间节点"的工作表。

我在写作和阅读时有点妄想,例如幻想"我们将如何在未来六年里把我们的业务扩展到全球"。因为这样你就能从大的视角来思考问题,而不会被今天和明天的股票价格下跌等眼前的事件搅得心烦意乱,这会让你感觉好些。

六年是我自己的时间节点。那是因为我加入Recruit集团后在人事部门工作了大约六年的时间,而在此之前,我经历了六年的大学生活,其中包括一年休学、一年留级。所以这个时间节点可以是五年也可以是七年，只要它是一个人自己的时间节点就行。

如果你有为眼前的不安而困扰或感到焦虑的情况，那么建议你一定要尝试一下这种自我管理的方法。

把尺度做得更大

250 年计划

下面的方法和顺序，决定着你如何达成使命。

从今天开始的 250 年被定义为使命达成期。250 年被分为 10 节。第 1 节的 25 年再进一步被划分为 3 个时期，并且把第 1 个 10 年作为建设期，第 2 个 10 年作为持续建设的活动期。在最后的 5 年中，仍继续着建设活动，并且为世界的繁荣做出贡献，我们把它叫作向社会贡献期。以上的 3 个时期，即第 1 节的 25 年，是我们今天参加活动的活跃期。但是在第 2 节之后，我们的下一代将以相同的方向和策略重复这些内容。同样的道理，第 3 节之后，再下一代和之后的人们将不断重复它直到 250 年。那个时候，世界上的物质达到了极为丰富的程度,这就是所谓的人间乐土。

在第一阶段结束后,人们即使在接下来的250年,也就是第二阶段仍不会改变,继续朝着更高的理想迈进。我想,符合当时理念的行为,定会由当时的人们,在发挥传统的基础之上思考出来。

我们的使命就是这样宏大,而且任重道远。从今天开始,这个远大的理想、崇高的使命,就是松下电器的使命,而且我们要担负起完成这个使命的责任。各位既然有缘在松下电器工作,就必须对松下电器赋予你的使命感到极大的欢欣。没有意识到这个责任的人,我们会遗憾地断定他是所谓的无缘人。我们并不计较人数多少,即使人数很少,只要履行同一使命,保持坚定的团结一致,就会朝着完成使命的方向迈进,就能感受到无上的生存价值。从今天开始,我将以这样的心境,全力以赴地指导各位,让松下电器再一次迈出强有力的一步。

《我的行事方式和思维方式》

这些话是前面提到的"延长时间轴"故事的终极版。什么是终极版?就是时间轴的尺度非常大。

一开始参与"250年计划"的人,到计划结束时,包括松下先生在内,不会有谁还活在这个世界上。正因如此,我们今天一定要产生强烈的使命感。

这是一个超越个人生命长度的长期工程,是为了人类和社会的进一步发展,或者说是出于终极幸福的目标被设想出来的。例如,应对全球变暖和人类向太空迁移的计划就是如此。那些参与其中的人将带着一种大义和强烈的使命感工作,因为他们知道这肯定是一个不可能在他们还活着的时候就能完成的工程。

我相信,人类的幸福就是为世界做出贡献,并从中得到恩惠。

参与一个超越个人生命的项目,意味着对人类和社会的未来做出巨大贡献。而且我也认为做出贡献意味着获得幸福感,并且带着很高的使命感和动机进行工作。此外,这段话会让劳动者感受到"松下电器这家公司今后一定会快速地发展下去"。

人们对公司的期待和预期,将对他们的积极性产生很大的影响。

比如说"这家公司明天解散",这意味着今天人们为该公司做的工作没有意义。没有什么事情比公司有固定结局更可怕了,没有人会有动力。

当站在上面的人谈到公司的未来将越来越开放的愿景时,在那里工作的人们强烈的使命感会油然而生,人们对工作也充满了希望和积极性。

在这段故事中,松下先生谈到了250年计划之后的第二个250年的事情。我敢肯定,松下先生正在认真考虑,如何在那个时间范围内与社会建立联系,并为社会做出贡献。

缩短时间轴

一步一步、脚踏实地

各位年轻人,单纯地追求理想而忘记了现实中的工作可不太好。我认为对未来抱有希望并再次拥有梦想是很好的。越是拥有希望和梦想,就越要专注于自己眼前的东西,并且一步一步、脚踏实地地工作,我认为这是最重要的。

世上不乏胸怀大志的人。说是抱着大志而沉溺于大志,听起来非常了不起,但是也有徒有大志却什么都做不了的人。只有默默地注视着脚下,一步一步地工作并坚持下去,这样的人才能达到巅峰。这样的人才是社会所需要的。要胸怀大志、拥有希望、拥有梦想,这样的人才是有用之人。所以要重视今天的工作,脚踏实地地走好每一步,并且永不停止,这样才能行千里。但是,如果只把希望放大,做个梦,没有脚踏实地地、一步一步地走近目标,我觉得百里之路也好,一里之路也罢,都是走不出来的。我想所谓的失败者就是这样的人吧。

（1964年6月23日,给松下电器新员工的讲话）
《赠青春：松下幸之助演讲集》

到目前为止,我们已经讨论了"延长时间轴"的概念,但是现在让我们看看相反的"缩短时间轴"的概念。

在这段故事中,松下先生讲述了一种缩短时间轴,聚焦"今天"和"现在"的做法。

"我只是在说些模糊的梦,可是今天我什么都没做。""我对未来隐约感到焦虑,现在我也很沮丧。"这样说的人非常多。

下面是我之前给女性讲课时发生的一件事。一个会后跟我交换了名片的三十出头的女士跟我讲了这样的烦恼。

"我现在在一家大公司工作，工作也很充实。但我很担心今后因结婚或生孩子，是否还能在和现在一样的环境中工作。看看现有公司体制，我认为很难持续……"

我觉得这是一个真实的担忧。我想多了解她的事情，这涉及她的个人隐私。但是我觉得有必要了解她的对象是什么行业的，有什么样的想法。

于是我问她："你现在的对象是从事什么行业的？"

结果这位女士说："还没有对象呢。"

老实说，我觉得那样的话就没必要担心结婚和生孩子了吧。

任何人都可能会对未来有模糊的焦虑，这是一种自然的心理活动，的确从某种意义上讲，我们不可能解除焦虑。问题是她自己制造了今天的忧郁，想象了一个可能不会发生的事情,让自己变得焦虑,并造成了今天的忧郁。

与其带着未来可能会发生在她身上的焦虑来参加我的讲座,还不如去参加一个联谊聚会,先明确跟谁约会再说,这样更切合实际些。我知道她想在未来五年或十年后成为一名职业女性,但我告诉她,今天的思考更重要。我缩短了她思考的时间轴。

还有一件让我发笑的事,就是有不少求职者担心未来的养老金问题。"等我老了,是不是就拿不到养老金了?"实际上这些人都还没有工作。

我并不是说有这个想法是完全没有意义的。但是如果你每天都沉浸在新闻中报道的那些负面经济话题,难免会担心未来。

反过来,重视今天非常重要。你今天、现在做什么,决定着你的未来。

人生无非就是"现在"的积累。我想松下先生可能也有同样的想法。

在本小节开头的讲话中，松下先生想要表达的是：你要一步一步、倾尽全力地工作，让自己充实起来，并且要重视"现在"的积累。"所谓成功就是要一直坚持，直到成功。只要你继续忍耐，并非常耐心地继续努力下去，你周围的情况就会发生变化，通往成功的道路就会出现"。(《人生心得帖》)

"现在"是自己过去的选择、判断和行为的总和。即使你叹息今天"不走运"，那这些也都是你自己决定和判断的结果。因此，重要的是首先要意识到这一点。反过来这也意味着"你现在所做的一切，决定着你未来的走向"。

因此，我经常对员工说："能不能看到未来不是问题。也不是因为能看到未来才去做，而是要下定决心，趁现在努力做的时候开拓未来。"

我向他们提出了缩短时间轴的建议。

- **缩短时间轴的自我管理方法**

其实我自己在很长一段时间内也是处于一种模糊

的焦虑状态，有时我也觉得这很危险。

通常在这种情况下，就像此前提到的"六年的时间节点"一样，我会跳转到使用 Excel 创建的"一行日记"里。

"一行日记"就是只写一行的日记，比如"今天一天都要努力""今天遇到了这样的人""今天有这么有趣的事儿""今天学到了这样的事儿"。

看着这一行的日记，有种"让我们珍惜每一天"的感觉，我的焦虑就消失了。

但是，当各种日常的事情重叠在一起，让我觉得心烦意乱时，我就试着跳转到"六年的时间节点"里。

这样，长时间轴（六年的时间节点）和短时间轴（一行日记）就结合在一起了。这就是自我管理。

把跨度加宽

过好每一刻的人生

大概在十几年前,我有幸见到了雕塑家平栉田中。平栉先生生于 1872 年,是日本木雕界的领军人物。我遇见他的时候,他已经快 100 岁了,我也已经 70 多岁了。

那时,平栉先生这样跟我说:"一个人到了六七十岁都还是毛头小子,男人的盛世是 100 岁以后。所以我的盛世从现在才开始啊。"

从常识来看,我和平栉先生都到了退休也不奇怪的年纪了,但平栉先生说"嗯,我是一个非常年轻的人",这让我感到惊讶和印象深刻。是的,我听说这就是平栉先生所谓的幽默,他也喜欢说"现在不做什么时候做?我不做谁来做?"之类的话。

第 1 章　赋予新的意识

几年后，当平栉先生 100 岁时，我偶然得知了他的花园里积攒了够雕刻 30 年的木头。

我第一次见到他时，觉得他是一个非常年轻的人，即使在他 100 岁之后，仍然有意愿用可雕刻 30 年的木头来创作作品。"男人的盛世是 100 岁以后"这句话不只是挂在嘴上。这让我再次感受到，他确实有一种强烈的感觉和热情，让他必须继续雕刻 30 年才能真正完成他的艺术。

…………

遗憾的是平栉先生于 1979 年 12 月 30 日去世，在他 108 岁生日之前，没有用完 30 年的木头。不过，他虽然留下了木头，但到最后还一直保持着对工作的热忱和意愿。说他是一个活得精彩的人，是一个将生命燃烧到最后的人不是很贴切吗？

回想起来，100 多岁还那么有活力，对自己该做的事说"现在不做什么时候做？我不做谁来做？"。我觉得这是因为他在那一瞬间竭尽全力地活着。

《人生心得帖》

在日本这个国家里平均每天约有 3300 人死亡。你今天度过的日子,是昨天死去的 3300 人想要活下来的日子。

我认为重要的是我们要意识到这一点,并在感谢生命得以延续的同时活好每一天。

当我与企业家,尤其是风险企业家交谈时,经常听到他们说:"经营很难啊。如果你只做眼前的事,就不会有长期的繁荣;如果你只做长期的事,就会感觉根基不稳……"

当你仔细询问时,他们所说的长期最多就是两三年,所谓的眼前就是当下,也就是说,大约一个月,或者是一周左右。这就是对时间轴的一种普遍的认知方式。

但是,松下先生对这个时间轴的跨度的认定范围,却是前所未有的。就像此前列举的"250 年计划"那样,一边着眼于未来 250 年超大尺度的思考,一边像前面说的"一步一步、脚踏实地地工作"和"过好每一刻的人生"那样，着眼于一步、一天、一瞬间的短时间的思维。

因此，我给前面提到的经营者们的建议是"最好放宽时间轴的定义"。

如果是长期的时间轴，最好在更宏大的时间轴上规划员工愿景，例如"我想在 10 年、20 年或 50 年内做到这一点"。

如果是短期的时间轴，不是专注于一个月或一周的绩效，而是每天每位员工的管理，或者是经营的计算管理等。

如果你把这些事情做好，跨度范围就会扩大。就像我自己发现的那样，所有这些都是我在阅读松下先生的众多故事时注意到的。我总能用这种方式从松下先生那里得到有关工作、人生等方面的提示。

传达公司的历程、历史、传统

了解公司的历史

作为日本人,我们生活在日本,了解日本的历史、传统很重要。只有在了解了日本是怎样建国的,有过怎样的经历才到了今天,才能更好地思考今天的日本人应该怎样生活,日本未来应该成为一个怎样的国家。

对于企业来说亦是如此。如果你想加入一家公司,并长时间在那里工作,首先你要了解那家公司的历史。我认为即使在今天看来是一家非常大的公司,也不会从一开始就是这样的规模。就算是这家公司即将迎来创业30周年,它在30年前的时候也一定是什么都没有的状态。初期,一个人或一些人着手创建它,每个时期的管理者和每位员工都非常努力，多年来始终如一，它才会形成今天的规模。

历史这种东西，无论规模大小、时间长短，每家公司都有。我希望你从公司过去的历史开始思考作为员工应如何迈出第一步。如果不知道过去的历史，那么我们又能做什么呢？这种说法可能有点极端，但可以这么说，公司的历史和前辈的经验是非常宝贵的。

当然，在实际的日常工作中，我们必须不断地创造出新的、更好的东西，也只有站在过去历史的基础之上才有可能做到。

此外，新员工要能在一年、两年、五年或是十年之内指导年轻人。那个时候，指导后辈的信念从何而来？我认为也只有通过了解公司过去的历史才能做到。

从这个意义上讲，进入公司以后，首先要了解公司的历史，汲取前辈们宝贵的经验，用各种方式学习、吸收，这一点极其重要。

《员工心得帖》

了解你所在国家以及你所属公司的历史和传统非常重要。这是因为只要知道它,你就会明白"公司为什么会变成现在的样子"和"你将来应该往哪个方向走",然后从中得到指引。

正是因为有了前辈们千辛万苦的奋斗、努力、思考,以及来自外部的支援等因素,公司才得以延续。如果意识不到自己拿到了接力棒,妄下判断,就一定会走错道路。

我的公司会给每位员工分发本公司的"历史书"。所谓"历史书"其实就是一本记录着公司发展历程的册子,每年都会一边补充修订,一边使用。

公司要求员工一定要看它,并且偶尔会检查一下大家是否看过。这样做的原因是希望年轻的员工能够清晰地了解创业时期公司的情况。

正是托了员工的福,公司才得以上市,而且是以成千上万人的规模开展事业,但是创业初期根本不是这样的状态。公司一开始开不了银行账户,没钱租借办公场地,白手起家。由于当时得到了各界人士的支持和协助,公司才得以向前发展。各位对我说的"为了庆祝开业,我会支持你的工作",我一生都不会忘记。另外,还有很多不能忘记的恩情。

"历史书"记载着对于公司来说不可或缺的缘分,在遇到各种节点时员工们做出了怎样的判断,还有公司得到了什么人的支持。不仅是管理者,就连新员工也要好好学习它。

如果不好好学习"过去的情况和积累的案例",那么公司的历史积累越久,在公司履职时间长的员工和履职时间短的员工之间的过往体验差距就会越大。拉大过往体验的差距,就意味着员工对于相同事物的感受会不同。

了解公司的历史和传统将缩小这一差距。让履职时间不长的员工明白"这家公司在什么时候、有着怎样的决断"并跟上公司的步伐。这就是我们分发"历史书"的原因。

现如今，有许多企业变得更加多元化了，来自不同行业和不同国家的人们正朝着一个目标努力工作。企业必须把以往积累的经验、生活环境、思维方式和表达方式不同的人聚集在一起，朝着一个共同的目标奋力前进。

为此，我们必须让大家都了解公司和事业部门的历史。这些历史如果能在公司内部很好地被分享，就可以为个人的日常工作设定判断标准，增强公司的一体感，并转化为一种动力，让我们能够创造新的、更有价值的东西。

- **从历史中认识自己**

年轻的时候，我的前辈曾经告诉过我要学习历史和进化论，了解生命史、人类史和日本史，这样就能更好地了解我们在这波澜壮阔的历史长河中所处的位置。

我们是祖辈们经历了各种各样的生存竞争后留存下来的产物。而生存竞争的基因，早已经刻在了我的

DNA 中。正因为有了这样的 DNA，才有了今天的我。所以了解这些事也意味着"了解自己"。

这已经是 20 多年前的事了，那时因父亲去世，我回到了家族那里，委托了专业人士查了一下寺庙里的故人名册。

追溯到大约五代前，我发现我们家不是武士家庭，又了解到很多家族的历史。

我的父亲是一名厨师。他是和歌山县出身，以前在大阪府做过厨师。我的祖父是一名渔夫，曾祖父也是渔夫，再上一代是石匠，再上两代就是伐木工人了。

不知何故，这些历史在我的心里扎下了根。我是一个企业家，但我的个性与工匠非常像。我觉得我了解了我的个性的根源。

做厨师的父亲去世的时候，弟子来取他用过的菜刀。看着弟子恭恭敬敬地拿走它的场面，我还记得当时想着"我可拿不到了，就算拿到了也没什么意义"。

即使是父亲的遗物,得到它的也不是作为长子的我,而是弟子。当然,我拿了也没什么价值。师傅与弟子,就这样一直相传下去。我有点羡慕,感慨道:"工匠的世界真酷啊。"

像这样,了解自己的家族,多少可以理解自己内心的感觉、意识、喜好等。

反过来,一个人在某个公司事业部时,了解该事业部的成立原因和公司的由来,对自己来说是为了知道"怎么行动才好""怎么判断才好",也可以说这是件非常重要的事情。

第 1 章
赋予新的意识

时间穿越的视角

热泪盈眶的热海会谈

1964年，电机行业严重的衰退，松下电器在全国范围内的销售公司和代理店的经营也都变得越来越艰难了。觉察到异样的松下幸之助社长于当年7月在热海召开了"全国销售公司代理店社长的恳谈会"（俗称"热海会谈"），希望亲耳听到真实情况。

参会的170名与会者都在诉说经营的苦楚。最后总体认为松下电器的产品和销售策略存在问题。

一直直面批判的松下幸之助敏锐地意识到了他必须帮助与会者们走出困境，同时也深深地感觉到了与会者们缺乏努力。于是，他终于说出了"松下电器确实有一些需要改进的地方，但我认为之所以出现赤字,是因为你们的经营方法出现了错误。你们愿意让步吗?"这句话招致了更多的反感。这样的情况一直持续到了第二天晚上。在第三天听着类似的意见时,松下幸之助想起了将近三十年前他第一次销售灯泡时的情景。之后他在台上发表了如下的讲话。

"我觉得你们这样说是有道理的。因为松下电器对你们照顾得不够,真的很抱歉。现在我突然想起了很多年前的事。那还是我第一次销售灯泡的时候。我边走边跟大家说'即使现在销量不好,但我相信它将来肯定能成为销量冠军。请大家卖这个灯泡。'大家都说'如果你下定决心,我们就卖它。'结果卖了很多。多亏了这一点,松下电器的灯泡一跃成了销量冠军,公司的规模也随之扩大。松下电器能有今天,完全是托了大家的福,我真的要感谢大家,没有理由抱怨你们。从现在开始,我会改变主意,重新开始。"

说话间,松下幸之助鼻子一酸,说不出话了。会场超过半数的与会者都用手帕捂着眼睛。

经过激烈争论的恳谈会以温暖人心的一番话结束

了。会议结束后,松下电器以松下幸之助为中心建立了新的销售体系,一年后情况有了好转。

~~~

这是一个非常有名的故事,在这个故事中我发现了一个值得注意的地方:在会谈进入转折点的时候,松下先生从销售灯泡讲起,带着与会者们一起穿越回了 1936 年,也就是距热海会谈前的 28 年。

销售公司、代理店和松下先生就"销售公司和代理商持续亏损的原因是松下电器不好"和"不,可能是销售公司和代理店的经营方法有问题"等话题讨论了两天。当时,松下先生静静地回顾了讨论过程,表示"毕竟还是松下电器不好。"那是会谈的转折点。

此时,在松下先生的脑海里像走马灯一样浮现出他在卖灯泡时的情景。不是单纯地想起来或者想象场景,而是心里好像有一种非常强烈的时间穿越感。

正因如此,松下先生才能开诚布公地说出"松下电器能有今天,完全是托了大家的福,我真的要感谢大家"。而且,领略了经过时间穿越的松下先生的心境的人们,也都经历了各自的时间穿越。

人们不仅回忆起与松下电器有关的过去,还会回忆起与之没有直接关系的事情,如小时候和家人团聚的场面,我想这也应该算是时间穿越了吧。因此,会场的氛围一下子改变了,气氛变得和谐了。

我们公司在新员工进行培训时,都要求他们给一年以后的自己写一封信,我们称之为"给未来的自己的信"。公司收集这些信件,并将它们放入时间胶囊,一年后还给他们本人。

一年后,我们还刻意在相同的培训环境中,让那些员工读一年前写的信,来接近时间穿越的状态,让那些员工可以再次回忆起初心。

此外,我们正在将这种时间穿越视角纳入人事关系的管理中。

比如我工作的时候遇到了我讨厌的老板和我不喜欢的客户,那个时候我就试着去想"他们每个人都曾经是个孩子"。

尽管他们现在都是一个个成熟的社会人,但在过去他们每个人都曾经是孩子,都曾被妈妈叫作"小宝"。他们的父母肯定还保留着他们幼儿园入学典礼和小学入学典礼时的照片。想象一下照片中的面孔,你一定会觉得他们很可爱。

应用这一点,我告诉我的公司的管理层以下几点经验。

对于年轻员工,特别是刚分配来的新员工,你们可以想象一下这个人的父母,肯定留有他在入学典礼、毕业典礼、成人仪式等所有场景的照片。像这样被父母珍视的人,在踏入社会后第一次被分配到了你的部门,你就是他的上司。你要认识到这一点,然后面对那个人。

我告诉管理层,当他们想批评新员工时,要一边想象着新员工小时候的照片,一边思考:如果他们的父母听到了你的批评,会不会说你批评得好,然后还希望你再接着批评呢?

对交货期的最后一击

完不成就提着脑袋来见我

当搅拌式和喷射式自动洗衣机在家庭中流行起来时,在这个领域里松下电器是落后于其他公司的。厨房革命、家庭电气化(例如担任尖兵的洗衣机)进度落后于其他企业,是影响公司未来的重大问题。

此时,松下幸之助召集了制造和销售的负责人开会。销售的负责人强烈要求制造方做出更好的产品,单靠销售方的努力已经非常困难了。

一直认真听取意见的松下幸之助慢慢地张开了嘴,说:"销售不仅要批评产品,还要清楚自己的责任。但是,如果松下电器的产品和其他厂家的产品有那么大的差距,即使再努力销售,也卖不出去。"

松下幸之助还对制造的负责人进行了非常严厉的批评:"如果你做出来的洗衣机质量不如其他厂家,销量自然会落后于人。我觉得这对公司的未来也会产生很大影响。你为什么要做出这样的东西?难道是你做洗衣机时没有倾注全力吗?!"

"真的很抱歉,请再等三个月。三个月之内,我一定会做出适合销售、符合社长期望的洗衣机的。"

制造的负责人展现出干劲十足的态度,在场的所有人都以为会议到此结束。然而,松下幸之助继续以严厉的语气说:"好吧。就等三个月。等三个月后如果你还不能做出好产品,那该怎么办?那你就提着脑袋来见我!"

说着,就伸出了手。

~~~~~

按照以往的经验来说,不论什么行业,产品开发通常都会拖延,交货期也容易拖后。游戏开发公司有时会推迟游戏软件的发布时间,就连做咨询的我们有时也会拖延。

这个故事讲的是在临近交货期的时候,松下先生就像用钉子狠狠地刺他一下,说:"真的吗?就你?三个月啊!"

敢说"提着脑袋来见我",就是一种对员工的刺激。不是写辞职信,而是真的"提着脑袋来见我"。这是一种对"拼命努力"的执着。

读了松下先生的书,就能深切地理解到松下先生认真思考"只要努力,没有什么不可能,就一定会赢得比赛"的意识,并把这种意识传达出去。其根源在于"普通公司不会这么努力",这就是为什么松下先生会认为"只要你拼上性命、全力以赴的话,就能取胜"吧。

我只想传达严守交货期是这种拼命精神的其中一种形式。

但是,历史悠久的组织通常都有流传下来的神话和英雄故事。事实上,这些神话和英雄故事对组织文化和 DNA 形成的影响远比通常口头上的愿景和经营理念更大。

"提着脑袋来见我"的故事,包含"严守开发期限"和"制造质量可靠的产品"的信息。我认为它能流传至今,对于制造商来说有着极为重要的意义。

空间的魔法

改变视野和视角

所谓"空间"是指视野或视角。想要打破一个人的固有观念或赋予新的意识,转换视野和视角是非常有效的方法。

继"时间的魔法"之后,我将介绍让"解冻"成功的第二种方法——"空间的魔法"。

所谓"空间"是指视野或视角。想要打破一个人的固有观念或赋予新的意识,转换视野和视角是非常有效的方法。

就空间来说,是看整体还是部分?从内部视角还是从外部视角看?从上面看还是从下面看?从前面看还是从后面看?当一个人前行受阻时,在大部分情况下是因为他们在不知不觉中被困在了自己的视野和视角中。

我想很多读者都有过这样的经历吧。在某人给了你新的视野和视角时,会突然感觉眼前一亮,仿佛迷雾散去了一般。

这里提到的松下先生的故事,充分展示了转换视野和视角的"空间的魔法"的有效性。让我们看一个通过"空间的魔法"赋予新的意识的例子吧。

从高处眺望，视野更开阔

在最高处的会议

因为电风扇是季节性商品，所以电风扇事业部与负责制造的大阪电气精器合作，开发了一种能够全年销售的换气扇。初期时月产量仅为 200 台，充其量也只是在食堂的厨房里使用，销量很低。

相关人员聚集在一起进行头脑风暴，集思广益，把之前的排气扇改名为换气扇后，虽然有了形象的革新，但库存还是在不断增加。

事业部部长向松下幸之助报告了这个情况，松下幸之助说："应该很快就能卖出去吧。肯定有卖出去的方法。不如把主要人员召集起来在大阪的最高处开个会怎么样？"

当时,大阪最高的地方就是大阪城。带着轻松心情登上大阪城的部长、技术人员们眺望风景,说"住宅排列得很整齐啊"。松下幸之助突然说:"这些住宅一台换气扇也没有,如果每栋住宅都安装一个,那么需求量会相当大啊。"

之后,以这次会议为契机,松下电器开发了公共住宅用的换气扇,开展了一项大开发运动。

不久,连一台换气扇都没有的住宅基本上都装上了换气扇。

我在此前提及"只看眼前的思维方式",同样也可以说"人往往会陷入视野狭窄的状态"。如果忙得像全速跑一样,就更明显了。就像骑着摩托车,速度越快视野越受限。同样地,提高工作速度时,视野也会变窄。所以有的时候需要站在高处、视野开阔的地方眺望。这样可能会产生新的见解。

在这段故事里,松下先生在大阪最高的地方大阪城开会，从上面看到了很多住宅，产生了"当时换气扇还没有普及其实有很大的需求空间"的意识。通过视角的改变，注意到了仅在工厂和经销商那里无法看到的广阔的市场空间。

这个故事实际上说了站在高处改变视野，仅仅意识到视野的改变，就能得到这样的效果。

例如，以我的公司为例，当新员工惹出什么麻烦时，我会尝试着从我自己作为经营高层的视角来解释如何看待失败。

犯了错误的新员工就像遇到世界末日一样，容易深深地陷入低谷。

但在我看来，这样的失败根本没什么大不了的。我在年轻的时候也经历了很多失败，所以我知道如何挽回，我不会让新员工一开始就去做会影响公司未来的重要工作。

我们可以用这件事，与眼光狭隘的新员工交谈来改变他的看法。

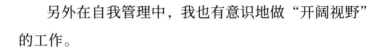

第 1 章
赋予新的意识

另外在自我管理中，我也有意识地做"开阔视野"的工作。

与故事中的大阪城相似，我用的是地球仪。

我总是把地球仪放在自己的办公室和家里，当我感到消沉的时候，就去看看它，想着"这个地球上有 70 亿人，有数十亿人生活在这里"或是"今天有 10 亿人会对明天的饭菜发愁吗"，等等。我一边转动着地球仪一边想着这样的问题。所以，在日本东京银座的房间里烦恼的人，似乎很渺小，这样想，心情一下子就变好了。

我使用地球仪，有些人通过观察夜空或眺望大海能获得相同的结果。我希望你能找到适合自己的方法。

从自己的视角切换到经营的视角 1

这是对员工说的理由

这是第二次世界大战结束后不久的事情。松下电器一家分公司的社长,因战争期间交付给陆军和海军的货物的应收账款无法收回,每天都在忙于筹措资金。当时员工的工资不得不每月分成四次发放,还可以勉强向普通股东支付股息,但大股东松下幸之助的股息就只能等以后再支付了。

1月2日,在兵库县宝塚市一家旅馆的松下幸之助给这个社长打电话。社长拿起听筒以为是"陪我喝酒"之类的邀约,没想到却听松下幸之助严厉地说"马上过来"。社长想"发生了什么事",但不知道是什么事情,还是急忙赶了过去。

"作为股东,你为什么不给我分红?分不了红的责任完全在你这个社长身上。这样的话,可以说你这个社长是不称职的。"

"因为陆军和海军没有付钱。"

"这是对员工说的理由,你作为社长有什么想法?"

的确,松下幸之助即使是自己人,也是股东,支付股东分红确实是社长的责任。想到这里,社长带着"如果我有足够的钱……"的心情踏上了归途。回家后才注意到:"啊!是呀!我作为社长就是要把该做的事情彻底做好。该付的分红就应该支付。为了实现这个目标,处理工作排除万难是我这个社长的责任。"

∽∽∽

当然,松下先生并不是想要分红。他的目的应该是让这位社长从"陆军和海军没有付钱"的他人责任的视角和自己的视角,转换成自己责任的视角和经营者的视角。

"给我分红"应该是促使这位社长真正意识到自己是经营者的一句话吧。职场上的对立和冲突几乎都是由于彼此间的视野和视角的不同发生的。

我们在职场上听到的很多营业部门和技术部门之间的对立也是如此,比如在连锁公司当中,总公司和各店铺之间发生的冲突,以及高层和中层之间发生的摩擦也是如此。

松下先生为了让这位社长跟自己具有一样的视角,说"这是对员工说的理由",意思是"你的视角就是员工的视角,而不是经营者的视角",这是为了让这位社长和自己具有一样的视角。

在一家公司里,为了让员工克服视角上的差异,"通过轮岗制度或人事变动,尝试调解冲突"的方式也是非常有效的。

这个期限可以是一周或十天。哪怕是很短的一段时间,只要进入对方的部门,就能看到跟以前不一样的情况,甚至还有可能发现原来部门有需要改进的地方,并获得很多新的知识。

这种方法对员工的教育非常有效,进而提高了整个公司的工作质量,所以这是我强烈推荐的一种方法。

从自己的视角切换到经营的视角 2

经营者的孤独

这是第二次世界大战结束后不久发生的事情。松下电器有一个个性很强的员工,虽然可以工作,但脾气暴躁,爱吵架。

有一天,这个员工因工作上的事情又和其他人大吵了一架,尽管已经很晚了,因为想迫不及待地向松下幸之助倾诉自己的烦躁心情,还是来到了松下幸之助的住处求助。

松下幸之助独自一人住在滋贺县大津市的一家旅馆。事前没有任何征兆,这个员工突然跑过来,把胸中的郁闷、不满一股脑儿地发泄了出来,说着说着就哭着抱怨了起来。

"你真幸福啊。就算有那么不高兴的事,你也还有像我这样的倾诉对象。我可没有那样的人呀。你真幸福。"松下先生说。

～～～

这个故事想表达的是身居高位的人是孤独的,必须做出各种各样的决断,有时还必须做好被讨厌和被嫌弃的心理准备。

在公司定期举办的为新晋管理人员庆祝的聚餐上,我有时会问升职的人:"你当了管理者尝到孤独的滋味了吗?"如果回答是"不,还没有",我就告诉他"你还没有真正成为管理者",并描述今后那个人会体会到的孤独。

成为管理者就会拥有人事权和评价权。也就是说,不是像以前那样,作为一个其乐融融的队伍的大哥,而是完全站在公司的角度来看待问题。

他可能会被人嫌弃,自己的方针遭到批判,但却不能和部下商量。从这个意义来讲，就是体验孤独。如果晋升为管理者，一般工资也会上涨，提高的部分应该是"给体验孤独支付的工资"吧。

我年轻时在 Recruit 集团上班的时候，有一次休息日去公司加班，偷偷地坐在部长的座位上。看着眼前六个桌子为一组的、总共五组的桌子，心想"这个人真是太辛苦了"。我想着只比自己大 8 岁左右的人率领着这么多人的团队，为了减轻这个人的负担，自己也必须早点成为领导。

我仅仅是休息日去趟公司，偷偷地坐在部长的椅子上，就有了这么多的感慨和体验。

采取积极而不是消极的态度

伟大的结果

大约是在 1965 年前后，PHP 研究所的月刊 *PHP* 刚刚开始了正式的推广活动。那个时候的 PHP⊖并不为人所知，向书店宣传 *PHP* 杂志的推广人员必须从"什么是 PHP"开始说起。

有一天，一名在书店完成了这样的宣传活动后从四国⊜返回的推广人员向松下幸之助汇报说："我去了十家书店，只有一家接受了。"

他的表情显然很失望。然而，听到这话的松下幸之助却说："十家里能有一家接受，这已经是很了不

⊖ PHP 由英文 "Peace and Happiness through Prosperity" 的首字母组成，意思是"通过繁荣实现和平与幸福"。——译者注
⊜ 四国包括德岛县、香川县、爱媛县和高知县。——译者注

起的成就了,是百分之十的概率啊,如果你去一百家的话,就会有十家接受。这就是很好的成果啊。如果是零的话很麻烦。而你让一家接受了,真是太好啦。"

~~~

只要看待事物的角度发生改变,就会获得不同的感受。

我喜欢爱迪生的一句话:"我从来没有失败过,只是重复发现灯泡不亮了一万次。"我认为这两种说法是一回事。

"十家里只有一家"的说法和"仅十家里就有一家"的说法完全不同。

当我在 Recruit 集团负责招聘时,经常会一场面试 100 个左右的学生,但是能成为候补者的却为零。同事们都很沮丧地说"候补者是零啊",但我却说"光知道这 100 个人不是适合咱们的对象就已经是成果了"。我把它看作是"一天工作的回报"。

另外,我们在营业活动中也经常会进行"扫楼"活动——从大楼的顶层开始,一家一家地推开门问"需要我们公司帮您介绍合适的员工吗"。但是,即使扫完那栋大楼里所有的公司,也经常会遇到没有一家有需求的情况。

知道"我去了这么多家也没收获一位客户"和"发现这栋楼里的公司都没有需求"的不同,这决定着下一步和再下一步能否积极地继续进行营业活动。

采取积极而不是消极的态度看待所有事情,下一步的行动就更容易成功,这完全取决于你自己的想法。

在对新员工的训示中,我总是说:"你们虽然被分配到了不同的地方,这并不是说有的工作是有趣的,有的工作是无聊的。对于同一个工作而言,是找出有趣的地方,还是认为被分配到了无聊的部门,怎么想,完全取决于你自己。工作的有趣和无聊并不是客观存在的,

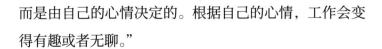

而是由自己的心情决定的。根据自己的心情，工作会变得有趣或者无聊。"

松下先生所说的"十家里能有一家接受，这已经是很了不起的成就了"，应该是让对方感受到今后的可能性，给予了他踏出下一步的能量。

扩大视野的对比表现

世界会等你吗

由于松下电器的某个事业部经营不善,公司决定更换事业部部长尝试重建。新上任的事业部部长跟松下幸之助说:"我做了很多实地调查,肯定会有所改善。所以请您静候半年,我一定会做好的。"松下幸之助笑着回答道:"好吧,别说半年,就是一年,多长时间我都能等。"

对于安心走出房门的部长,松下幸之助补充道:"唉,我能等一年、两年,但我不知道世界会不会等。"

企业的发展是由社会决定的

1954 年,松下幸之助去拜访某家银行,银行的一位高管问道:"松下电器会扩张到什么程度?"

松下幸之助慢条斯理地回答道:"这个我也不知道。把松下电器做大还是做小,既不是作为社长的我能决定的,也不是松下电器能决定的。这完全是由社会决定的。如果松下电器做得好,让消费者满意,会有很多消费者要求我们多做好产品。在这一点上,能扩展到哪儿就扩展到哪儿。但是,反过来说,我们无论怎么想维持现状,如果生产不出好的产品,产品就会渐渐卖不出去,别说维持现状了,甚至还有可能不得不缩小规模。因此,松下电器未来的发展情况完全是由社会决定的。当然,我已经给银行提交了一个半年或一年的计划书,但被问到扩张到什么程度时,我只能给出'我不知道'这个答案。"

~~~

我认为松下先生坚信"企业的发展是由社会决定的"这一信念。

在这里介绍的两个故事传达了这样的一种理念,

即如果一家公司做得好并得到公众的赞誉和期望,公司就会发展壮大,反之亦然。

在"世界会等你吗"的故事中,松下先生赋予了希望让自己等半年的事业部部长"世界"的视角。"但我不知道世界会不会等"就是视角发生了变化。

而且,以"我能等一年、两年,但我不知道世界会不会等"这种对比的方式表达,也是一种非常有效的沟通方式,可以很快拓宽对方的视野。

我也经常告诫我的员工:"商业是一种与社会的交流活动。"因为我有想要传递给社会的信息,所以我做着现在的工作。企业是传递你想要传递的信息的基地,产品和服务是有效传递信息的媒介。企业必须始终要问"谁""什么"和"如何"。从这个意义上讲,企业的销售额可以说是客户和社会对企业的支持和回馈的总和。

我经常在讲座和其他场合收到年轻人咨询关于创业的问题。在这种时候,我总是问:"你有什么想传

第 1 章　69
赋予新的意识

递给社会的信息吗？"最重要的是，"如果你自己没有确定的信息想要传递给社会，那就停止创业"。局限于"该做什么才能赚钱"或"什么流行做什么"的层面，企业是没有希望的。

　　松下先生的"企业的发展是由社会决定的"信念，是看穿了企业和事业的本质和存在意义的瑰宝般的言论。对于在日常繁重的工作环境下视野会变得狭窄的员工来说，我希望能经常提供用社会的视野，让他们重新审视事业和业务。

怀疑固有的思维方式

一家两台,国际的收音机

那是收音机的总需求量约为 30 万台时的事情。收音机的营业部部长通过调查各种数据,在设定了销售目标后,向松下幸之助汇报:"目前全国收音机的总需求量在 30 万台左右,如果松下电器占据 30% 的话就是 9 万台,而且新产品也已生产出来了,我想做 10 万台。"

这是一份非常自信的报告。但松下幸之助立刻说道:"那不是很不像话吗?为什么一开始就断定总共只能销售 30 万台?一开始就断定,就等于认定了我们不需要销售超过 30 万台。带着这种固定的思维,无论到什么时候都不会有业绩增长。今后你也仍会有同样的断定,这种思维是错误的。"

就因为这句话,松下电器提出了"一家两个,国际的收音机"的口号。

~~~

我自己也经常遇到与这一故事类似的场面。

我觉得,特别是在高学历的咨询顾问中,有很多人用"市场规模就只有这些"的思维来决定市场规模,然后以"如果我们加入进来,那么可以取得这么多的市场份额"的逻辑,条理清晰地进行内部讨论。

乍一看,这很完美。但是,我的头脑里却产生了如下疑问。

"为什么规模可以被固定?"

"今后努力扩大那个市场的不是我们吗?"

这个内部讨论将作为大前提的市场规模固定化,并且预估的结果也存在很大问题。

事实上,很多分析家都缺乏创造市场的想法。

我们公司以"动机"为切入点,为各种组织提供咨询方案，在我们创业的时候，世界上还没有动机市场。我们完全是从零开始创造市场并扩大了新的需求。

如果你首先考虑"激励员工的动机的市场有多大"或"应该占据这个市场的百分之多少的份额"，我想你肯定不会想到创业。

我们要推动市场，扩大、创造需求。商业不仅仅满足需求，也创造需求。这个故事传达了创造需求的重要性。

在现在的时代，"JINS 睛姿"这一眼镜品牌的事例就非常适用。如果把眼镜还当作视力矫正工具，那么每个人只有一副就足够了，不可能有更多的需求。更何况现在还有隐形眼镜这个竞争对手，眼镜的市场应该会缩小。但是，这家公司将眼镜视为一种时尚单品和保护眼睛免受电脑辐射伤害的工具。这样一来，同时拥有几副眼镜的人数就增加了，市场也扩大了，公司也取得了快速发展。

重要的是，要意识到理所当然的、深信不疑的固定观念，怀疑和改变已有视角，在此基础上找出机会。

在其他行业也可以学到东西

去鱼店学习

这是一个第二次世界大战前的故事。松下幸之助告诉一位高管:"你,明天可以不用来公司了,到鱼店待两三个月,当学徒吧。"

高管不知道松下幸之助在想什么,于是问道:"鱼店是指河岸的店吗?"

"不,公司附近就有很多鱼店,你可以去任何一家店学习。"

松下幸之助对揣测不出真实意图的干部说:"听说你现在有很多产品的库存。如果是鱼店的话,今天进的货今天就得卖完,如果到了明天价值就减半了。所以今后要好好地估计当前的销量，去鱼店学习一下进货的技巧吧。"

我不知道这个被松下先生要求"去鱼店学习"的高管是不是真的去了鱼店，但我认为松下先生真正想要说的是："不论是不是在鱼店工作，都要做好库存管理。"

要想做好高管的工作，就要在鱼店进行角色转换，这也可以说是"改变视野和视角"的一个事例。

人这种生物，无论如何都喜欢用过去的经验来决定自己今后的工作方式。业界的习惯也是如此。事实上，如果着眼于其他行业或职业，也有能很快找到解决问题的办法，但是很多人却没有意识到，或者说即使意识到了也不想尝试。

关于这一点，我们有很多应该反省的地方。

有一个给我们公司制作招聘网站等内容的公司，

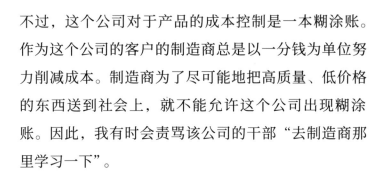

不过，这个公司对于产品的成本控制是一本糊涂账。作为这个公司的客户的制造商总是以一分钱为单位努力削减成本。制造商为了尽可能地把高质量、低价格的东西送到社会上，就不能允许这个公司出现糊涂账。因此，我有时会责骂该公司的干部"去制造商那里学习一下"。

松下先生说到了鱼店，大概是出于"今天进的货，必须趁着新鲜的时候卖掉，要从优秀的同行那里学习经验"的想法吧。

"我能从其他的行业和职业学到很多东西。你学到这种程度了吗？你有这样的意识吗？"这么问，不就让这个干部注意到了吗？

聚焦的效果

创建电饭煲事业部

1955年的上半年,电热器事业部的电饭煲部门出现了不良产品,造成了很大的经济损失。

事业部部长意志消沉,正在大家都担心事业部到底会变成什么样子的时候,松下幸之助给出了如下指示——"抓紧打造电饭煲事业部"。

这句话简直就是晴天霹雳。如果那样做的话,需要人事、财务相关人员,各种经费都会增加,经营也更加困难,大家围绕着松下幸之助的这句话进行了很多讨论。

当时,参观电热器事业部的松下幸之助说:"人类失败后可能会陷入想要自杀的境地。但是，当你有着直面死亡的想法和遭遇时，任何事情也就不过如此了，你会产生无论如何都要洗刷污名的决心。你有那个决心吗？有这种决心的人，一定能够东山再起，而且一定能够成功。当然，虽说花费很大，但是如果你有再卖不出去就没饭吃的想法，就一定会成功。只有一个品种的电饭煲就叫事业部吧。"

电饭煲事业部就是这样诞生的。

∽∽∽

这段故事，传达了"聚焦"的重要性。

在前面，我们谈到了松下先生在大阪城上召开会议、扩大员工视野，让员工意识到"市场仍然可以扩大"的话题，但这里我们说的是与之相反的事情。

就是说，只聚焦于电饭煲。

"创建电饭煲事业部"的意思是"只用电饭煲就能赚钱"。如果把它作为一个业务部门独立出来，会花费很多钱。

我感觉松下先生认为，组建事业部这件事，将会让员工对电饭煲业务充满热情，这将取得超出预期的成果。

有的时候"聚焦"非常有效。

到现在为止，我见过了包括其他公司在内的几万名商务人士，感觉他们在过去的工作中成长起来的经历大概分为以下两种类型。

一种是经历过"不能依靠任何人，所有的事情都必须自己搞定"的情况；另一种是"逼迫自己将精力只集中在工作这一件事情上，就一定能有高收益"。

这段故事讲的正是后者。

这种情况在成长中的公司里会比较多，在那些公司的组织架构图中，某个人的名字在公司的多个部门出现。公司想让有能力的员工既做这个又做那个，其实就是让他胡乱兼任。

但是，如果让一个员工兼任不同的岗位，大部分情况下都是任何工作都完成得不好。因为他很难把握自己应该在哪件事情上全力以赴,所以工作就完成得不好。

要想给予他强烈的当事者意识,就要让他失去后退的余地,把他的兼职全部取消,只集中在一个岗位上。"不必考虑其他的事情,绝对要这样才能出结果。"然后彻底地集中在一个点上,穷追不舍。

那样的话,员工就像危难之际爆发出了巨大的力量一样,最大限度地发挥自己的能力,努力工作,一定会取得一些成绩。而且,那个人本身也一定会得到很大的成长。

我想松下先生之所以认定这个目标,一定是因为相信以事业部部长为首的员工们的潜在能力。

关注全社会的视野

无偿公开收音机专利

那是 1925 年前后的事情了。有个被称为"专利狂魔"的发明家,先拿到了美国的一些专利,在日本注册,然后想再卖掉。收音机的重要部分的专利权也由该人持有,在高频电路中使用多极管的收音机都需要使用该专利,这导致各厂家在收音机设计上受到很大的影响,行业发展受到极大阻碍。松下电器也于 1931 年研制出了收音机,到了第二年,在准备大批量生产销售时,发现也需要使用这项专利。

出于对事态的忧虑,对于日本广播行业的发展感到非常忧虑的松下幸之助,终于下定决心去见那个发明家,提出"希望能买专利"的请求。

发明家大约30岁,给人有些傲慢的感觉。松下幸之助虽然对这种态度感到愤怒,但还是强忍住了愤怒和完全不想卖的发明家进行了交涉,结果以25 000日元的巨款买下了它。从当时松下电器的规模来看,这是一笔不寻常的金额。

购买专利的第二天,松下幸之助就在报纸上表达了无偿公开的意愿,这是出于"这种东西应该是业内每个人都能使用的"以及"它应该用于行业的发展"的想法。

松下幸之助公开该专利的行为,令业界大吃一惊、赞叹不已。"从行业诞生开始,这是一个本垒打。"除了得到了行业报刊的赞誉之外,由于给无线电行业的发展做出了巨大贡献,松下幸之助收到了来自各方的感谢信和奖牌。

～～～～～

迄今为止,这个故事不是作为改变员工视野和视角的案例,而是展示松下先生自己的视野的案例,这是给我留下深刻印象的故事。

出现在这个故事里的发明者似乎只考虑自己的利益,但松下先生不是从自身利益和企业利益出发,而且站在行业发展的视野上,无偿公开了这项专利。

可以说,两者在人的气量上的差异,就是视野的差异,也是只看到自己利益的狭隘视野和看到整个社会的广阔视野的差异。我觉得这是一个精彩的故事,它告诉我们作为一个人最理想的方式是什么,什么样的领导可以打动人心。

但是像这个故事中的松下先生那样站在业界发展的立场上,也并不是那么简单的事情。从获取利润的出发点来看,人们都有以下七个阶段:①为我自己;②为我的团队;③为我的部门;④为我所属的整个事业部;⑤为我的公司;⑥为全行业;⑦为全社会。

先前提到的发明家处于第一阶段,松下先生无偿公开专利的行为处于第七阶段。之所以人们对事物的思考程度发生变化,判断和行动也会发生变化,是因为每个阶段都有不同的"正确答案"。在意识到应该处于哪一阶段之后,我们就能用一个广阔的视野来重新看待事物,遇到新的景象,踏上新的旅程。

CHAPTER 2
第 2 章

引导出新的行动

目标的魔法 1

用榜样或更高的目标来指引前进方向

　　这里介绍的"目标的魔法1"是指通过树立榜样、明确应有的行为、展示出这项工作的终极目标等方式,让员工意识到这项工作的根本目标和根本意义之后再行动。

如果在"解冻"阶段员工发生了变化,那么我们就可以进入第二步——"改变"阶段。这一阶段的"目标的魔法"和"安心的魔法"在改变员工的意识和行动等方面是很有效的。"目标的魔法"主要是给处于迷茫状态的员工赋予新的目标和意义;"安心的魔法"提供安全感,使员工放心地朝这个新的目标和意义迈进。

那么,我们首先简单地说明一下"目标的魔法"。"目标的魔法"有积极和消极两种:"以某人为目标""模仿某人"这样的明确要求就是积极的,而"不能做某事""不要模仿某人"这样的明令禁止就是消极的。

这里介绍的"目标的魔法 1"是指通过树立榜样、明确应有的行为、展示出这项工作的终极目标等方式,让员工意识到这项工作的根本目标和根本意义之后再行动。

在"解冻"阶段,员工已获得了新的时间观和视角。接下来,我们就要把具体的目标和意义明确地告知员工,引导其采取理想的行动。在松下先生的故事和讲话中,有很多"目标的魔法"的好例子。

以专业的态度学习

北海道的眼镜店老板

1964年秋,松下幸之助收到了北海道一家眼镜店老板的来信:"前几天在电视上看到了您,很冒昧打扰您,我觉得您的眼镜和您的脸形好像不太搭配,您应该换一副更好的。"

松下幸之助觉得这位老板真是好热心哪!所以马上给他寄了封致谢函,但后来松下幸之助便忙得不可开交,把修眼镜的事忘得一干二净。

结果,到了第二年春天,松下幸之助去北海道札幌的经营者聚会上演讲的时候,那位老板又来请求会面。

"我是之前给您写过信的眼镜店老板,我发现您现在佩戴的眼镜好像还是之前的那副,请您一定让我给您修一修。"

折服于这位老板的热情,松下幸之助决定让他来试试。那天晚上,那位老板带着样品,和眼镜店的店长一起来到了松下幸之助下榻的酒店,让松下幸之助试戴了一下,并仔细地检查了样品与脸的匹配度,确认了佩戴舒适度。

"我们10天左右就能做好,做好后我们马上给您寄过去。不过,我看您现在戴的这副眼镜好像有些年头了,这么多年您的视力也可能发生了变化。如果不麻烦的话,请您光顾本店一趟,只需花费您10分钟的时间就可以了。"

10分钟的时间,松下幸之助还是能空出来的。当松下幸之助调整了日程,去到那间店里的时候才发现,这简直就是一个眼镜百货公司啊!于是,松下幸之助问他:"您当时为什么要特意给我写封信呢?"

"戴眼镜是为了能看得更清楚,但又不完全是。因为戴眼镜是可以改变一个人的形象的,所以一定要戴适合自己脸形的眼镜才行。如果您戴着您现在那副眼镜去了美国,美国的眼镜商也许会认为,日本的眼镜行业没什么可取之处。这简直就是在侮辱我们国家啊!为了防止出现这样的事情,我才顾不上是否失礼于您,鼓起勇气给您写了那封信。"

回到大阪之后,松下幸之助马上就把这件事分享给了员工们,呼吁员工们抱着和这个眼镜店老板一样的信念和气魄,全力以赴地投入到工作中。

～～～

这个故事,非常好地诠释了本章的其中一个主题——"用榜样或更高的目标来指引前进方向"。

在这个故事的最后,松下先生把自己的感动传达给了每位员工,呼吁员工们一定要像这位眼镜店老板一样,以这种姿态去面对工作。也就是说,松下先生给员工树立了榜样,给员工指明了具体的奋斗方向。

那么,为什么松下先生会如此强烈地被感动呢?

眼镜店老板说："如果您戴着您现在那副眼镜去了美国，美国的眼镜商也许会认为，日本的眼镜行业没什么可取之处。"他的这句话着眼全世界，以及他对自己所处眼镜行业的专业感、自豪感，想来在某种程度上与松下先生一直以来所抱有的一些理念是契合的。

在我们外行人的眼里，眼镜是否适合自己的脸，我们是不会太在意的。而以眼镜店老板的专业眼光却一眼就能看得出来。他之所以注意到松下先生的眼镜不合适，恐怕也是因为在意"对方（外国）专业人士的眼光"。

即使在外行人眼里看不出来的差异，在专业人士看来也是一目了然的。这位老板就是这样，他是从一个非常高的角度来看待和思考问题的。

我本人在写书或接受杂志采访时，也会在意专业人士的眼光。

书籍编辑也好，杂志编辑也好，他们都希望我写一些有趣的、普通人容易理解的内容，或者是与当时热门经济词汇有关的内容。

当然，不用编辑提醒，我本就意识到了这点。但如果我仅仅停留在这些内容上，所表达出来的不过就是些表面文章而已，完全触及不到本质。如果专家读到这样的文章，一定会觉得"这家伙没什么了不起"。作为专业人士，我觉得这是最丢脸的事情。

所以，我经常在想，即使我所表达的这些内容在普通读者看来有些无趣，但在专业人士的眼里是不是"原来如此，这话说到点子上了"呢？因此，我是十分理解眼镜店老板的想法的。

或许松下先生也从眼镜店老板身上看到了工匠精神，感受到了一个手艺人对于自己技术的骄傲，并引起了强烈的共鸣吧！我似乎可以想象出松下先生兴高采烈地向他的员工们分享这段经历的场景。

了解工作的终极目标

这项工作的目的是什么

这件事发生在1938年左右。

每天都在工厂和事务所巡视的松下幸之助,问一位青年员工:"你在做什么工作?"

"您好,我在写销售统计表。"

"那统计表是干什么用的呢?"

青年员工答不上来。

"谁让你写统计表的?"

"是主任。"

松下幸之助叫来主任,问道:"这个统计表是干什么用的?"

主任也无法准确回答。松下幸之助说:"在工作的时候或者下达工作指令的时候,一定要让他们明确这项工作的目的才行。"

这是一位员工在入职第二个月时发生的事情,他后来成为一名干部。

~~~

我们要弄清楚现在所做工作的目的和目标,在每一项工作中,都要思考"这项工作的目的是什么"。这个故事传达的就是思考这种根本性问题的重要性。

如果平时谁都不去问,不去思考,那么久而久之,谁都不知道我们为什么要这么做,进而产生"之前的人怎么做我就怎么做"的想法,工作本身就会变得形式化。

在此,我想讲述一个我们公司发生的故事。虽然说出来会有损公司的声誉,但权当警示了。这是一个

"忘记了本来目的,只追求销售额"的小案例。我们公司收购了一家经营电脑学校的 A 公司,并让这家公司加入我们集团。

电脑学校的主要盈利方式是销售电脑课程,让学生前来学习。买入 A 公司时,其销售额大约有 70 亿日元。

但是账面显示,在"商品销售"这一条目下,有将近 6 亿日元销售额。简单地说,就是 A 公司在向学生出售某种东西。只要是员工手里的商品目录有的,什么都算了进去。

确实,这里每年都接收两三万名学生,有时卖给学生一些东西也无可厚非。但即便如此,6 亿日元也太多了吧?所以我就仔细核查了一下销售明细。

结果发现,他们销售的商品大部分是电脑。大概很多人都觉得学都在这里学了,那就直接在这里把电脑也买了吧!其次销售较多的就是电脑软件和鼠标等周边设备。这也比较理所当然。

但除此之外，销售明细中居然还有扫地机器人、净水器、被褥之类的物品。退一万步想，可能有些年纪较大的老人也来这里学习，这些人需要扫地机器人。所以这个我还勉强能够理解。

但是被褥和净水器就不一样了。我完全不懂一个电脑学校为什么会卖被褥和净水器。

之所以会发生这种情况，是因为商品卖出后是立即计入销售额的。但课时费则是在学生上完90分钟的课以后才能计入销售额。

各大教室在月末销售额不足的时候，需要用学生的课程费来填补，但它很难在短时间之内填上缺口。

与此相对，商品销售就可以售完即入账，所以是完成目标、达成预算的最佳选择。我核查了一下，扫地机器人、净水器和被褥几乎都是在月底卖出去的。

但是，电脑学校该做的是拓展和提高学生的职业技能，这才是它的终极目标。如果一味追求销售额，就会觉得"别管我卖什么，只要我卖得出去就行"，结果就会越来越偏离目标。无论销售额有多高,只要你偏离了目标,本质上说都不能算是成功。

这已经是四五年前的事了,现在再也没发生过同样的事情。但这件事让我切身体会到,一个组织如果放任不管就会变成这样。

- **定期审查间接部门的业务**

以我的经营经验来说,我们尤其要注意的是会计、人事、总务等间接部门。

间接部门往往只顾完成业务,最容易忘记自己最初的工作目的和工作目标。如果放任不管,这种想法就会不断膨胀。如此一来,工作就会不断增加,相应地,人手也就要不断地增加了。

因此,经营者一定要认清"间接部门的工作目的和工作目标是什么",每隔一年到两年,就要对间接部门的业务进行审查,让员工优先处理核心业务,削减其他业务。

我们公司从一年前开始就明确地定义"管理部门

的工作目的和工作目标是支撑整个公司的发展"。同时,公司还将"适应商品市场""适应劳动市场""适应资本市场"设为终极目标。

"适应商品市场"指的是提高销售额和利润。通过查看资产负债表、利润表,审查净资产收益率等指标是否提高,就可以衡量出这一终极目标是否达成。

"适应劳动市场"从招聘的角度来解释就是"在应聘者中人气较高"。此外还包括"现有员工的工作价值和积极性较高""员工对公司的忠诚度较高"等。

"适应资本市场"是针对股价、投资者、股东而言的。比如公司股价上涨等。

管理部门要把追求这三个目标作为最优先事项,努力开展与此相关的业务。但是,我们经常忙于与这些目标没有太大关系(优先顺序较为靠后)的眼前工作,而且这类工作容易越忙越多,所以隔一段时间就必须回头看看,有没有需要削减的无关业务。

当然,所有业务最终都是服务于这三个目标的。

但是，所有业务与这三个目标之间的距离是不同的。我们要优先选择离目标近的业务，对于远的业务，我们就要抱着"即使不做这个，对这三个目标也不会有太大的影响"的想法去看待，这是很重要的。

近年来，人们的工作方式正在发生变化，减少劳动时间、提高生产效率已是大势所趋。所以我们必须在有限的时间内最大限度地提高生产效率。

给所有业务排出优先顺序，尽最大努力去完成最重要的事情，接受这种做法的结果就是，有时你会发现优先顺序发生了一些变化，或者发现那些排在后面的业务其实做不做都行。从结果来看，这种做法杜绝了浪费，提高了生产效率。

松下先生提出的"这项工作的目的是什么"这一问题，有助于员工意识到公司整体的发展方向，并就此展开积极思考。而对于被问到的员工来说，这也不失为一个学习的好机会啊！

这个产品是干什么用的

收音机做得再薄也得有个好音质

这件事发生在收音机尺寸越来越小,市场竞争也越来越激烈的时候。一天,松下电器的收音机事业部部长和技术负责人带着新开发的超薄收音机拜访了松下幸之助。这款收音机大约有两张名片那么大,厚度却不到一厘米。

松下幸之助把它拿在手里,一边说着"这个好啊,这种应该能卖一百万台以上",一边随手打开了开关。音乐声响起,但听起来声音效果却不太好。

"这声音不太行啊!"

"是的,要想尺寸小,就必须把扬声器做得很薄。

这也是没有办法的事。"

松下幸之助的脸色变了。

"我说,收音机这个东西,是用来听的吧?扬声器太薄就会出杂音,音感变差,你觉得这些都跟顾客没关系是吗?如果产品失去了基本的功能那就什么都不是了!我们最看重的,应该是无论何时何地都要给喜欢听收音机的顾客最大的满足感!"

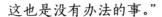

和前面问员工"这项工作的目的是什么"一样,松下先生在这个故事中,也提出了一个问题——"这个产品是干什么用的"。

生产超薄收音机,对于技术人员来说是一件非常自豪的事情。但是,若是因此导致收音机的音质变差,这就是忘本,因为音质对于收音机来说才是最重要的,而不是外形。

松下先生认为,销售收音机的目的并不是要让顾客购买收音机,而是要让顾客享受听收音机的乐趣。这个故事正是在告诉那些技术人员,无论把收音机做得多么薄,只要音质变差了,那就是忽视了产品最重要的部分。

将目光从物转向事

令人身心愉悦的工作

打个比方,如果我们在销售一种用于制作冰激凌的家用电器,我们就要对顾客说:"太太,这个用起来很方便哦!可以做出美味的冰激凌呢!"然后这位太太便把这个冰激凌机买回了家。等到丈夫一回来,太太就拿出一个冰激凌说:"外面很热吧,快吃个冰激凌吧!"吃完冰激凌,丈夫就会高兴地说:"我家的冰激凌比外面的还要好吃啊。"所以我们推销产品时,一定是要真心地觉得这个产品能带给顾客某种喜悦才行。这样产品才能卖得出去,而产品卖得好自己也就赚到钱了。我觉得像这样去解释事情是很重要的,因为这样一来,你就不会觉得推销是一件很痛苦的事情,而是把它看成一件能给人们带来快乐的好事,值得你鼓足勇气去做。如果你顾虑重重,不积极行动,就无法给人们带来喜悦。其实,公司的工作不都是这样的吗?

例如,制作麻将牌的人,如果认为打麻将是件不好的事情,那么这个公司的经营就不会顺利。我们要这样想:打麻将是为了转换心情,顾客最高兴的事情就是在努力工作了一天之后,晚上能打上一个小时的麻将。只有这样想,我们才能积极地去做这个工作。

幸好,松下电器的产品不用考虑那么多,每件产品都很受欢迎。所以,如果大家怀着喜悦的心情去开展工作,那么公司自然会取得成功。但问题是,我们是否能理解这一点,并将自己的生命投入这份工作中。这关系到大家的前途,也关系到公司的前途。

(选自1959年5月,松下幸之助对刚刚大学毕业加入松下电器的新员工所说的内容)

《谈谈我的经营》

"从'物'向'事'的转变"这句话最近很流行,松下先生也很认同这种说法。

前面讲了一个关于收音机的故事,而这里讲了一个关于冰激凌机的故事。一位家庭主妇买了冰激凌机,给刚下班回家的丈夫亲手做了一个冰激凌,让丈夫很高兴。从这两个故事中我们可以看出,故事的讲述重点都放在了"事"上面。他们的卖点不是"冰激凌机"这个"物",而是"丈夫会因此而高兴"这件"事"。

麻将的故事也一样。他们的卖点不是"麻将"这个"物",而是"白天拼命工作的人晚上打麻将可以转换心情"这件"事"。

给大家讲一个我在演讲时常说的砖瓦匠的故事吧!

一个旅行者走到一个村子,看到一个在努力砌墙的人。

旅行者问:"你在干什么?"

工匠回答说:"你看不懂吗?我正在砌墙啊!"

旅行者又接着往前走,又看到了一个在砌墙的人。

旅行者又问那个人:"你在干什么?"

那个人回答说:"我在盖教堂。"

旅行者再往前走,同样又看到了一个在砌墙的人。

旅行者问了和前面两个相同的问题。

最后那个人回答说:"我在治愈人心。"

第一个人说的"砌墙",单纯地只是指他当时正在做的行为和工作,就是"砌墙"本身的含义。

第二个人说的"盖教堂"指的是这项工作的目的。这一回答比"砌墙"的视角要高一些。

第三个人说的"治愈人心"则是将视角进一步提高了一个层次,指的是这项工作的意义。

那么,对于自己所做的行为、所从事的工作,这三种程度的认知,哪种认知能给人最大的动力呢?

答案当然是"视角越高,动力越大"。也就是说,第三个人的工作动力最大。一个人视角越高，就越能清楚地认识到行为的目的和工作的目标，就越能带着使命感继续努力下去。人们将这种现象总结为"梯子理论"。

据说，星巴克卖的也并不只是咖啡，而是提供给客人一个第三场所或所谓的"治愈空间"。也就是说，星巴克虽然卖的"物"是咖啡，但实际上卖点在于提供了第三场所和治愈空间这样一件"事"。从正式职员到打工者，这种想法已经在星巴克的所有员工中达成共识。

东京迪士尼乐园也是一样。在东京迪士尼乐园，工作人员被称为演员，清洁工被称为保洁员。但是这个保洁员所做的却不仅仅是打扫，而是在东京迪士尼这一梦幻国度的宏大舞台上，作为一名演员工作着。他们做的具体事情可能确实是扫垃圾，但是东京迪士尼告诉他们，他们一定要意识到他们的工作并不仅仅是清扫，而是"在梦幻国度舞台上演出的演员"。所以他们才能始终面带笑容，毫不偷懒地完成清扫工作。

这种培训方式，也可以算是将目光从"物"转向了"事"。

社会使命这一终极目的

顿悟企业家使命的那一天

1932年前后的时候,松下电器整体已经发展得比较顺利了,但松下幸之助还是感到自己在经营上存在一些不足。有一天,松下幸之助在朋友的热心推荐下参观了一个宗教团体的总部。总部殿堂之宏伟,施工之精美,都让他赞赏有加。而除此之外,最打动他的,是建筑现场的信徒们充满活力、充满喜悦地埋头工作的样子。

在回家的路上,他的脑海里不断浮现出当天看到的情景。晚上躺在床上也无法控制住兴奋的情绪,怎么也睡不着。

"那是多么繁荣的景象,多么出色的经营啊!和我们这个因为不景气而快要倒闭的行业区别太大了。到底哪里不一样呢？宗教可以让很多烦恼的人安心，让人生幸福。我们行业不也是做着生产维持人类生活所需物资的神圣事业吗？仔细想想，这两者都是世界上必不可少的东西，可以比喻成一辆车的两个轮子。但宗教这边是一片繁荣，而企业界这边却在为各种各样的问题而烦恼。这是为什么呢？宗教是抱着救人的强烈信念一路发展而来的，而企业则是抱着卖东西赚钱的传统观念发展起来的。这不就是区别吗？我们这些企业家，必须清醒地认识到自己所做事情的终极意义才行。"

松下幸之助开始致力于在公司内部确立真正的使命。5月5日，他召集了所有员工，对他们说："企业家的使命是消除贫困……松下电器真正的使命，是生产、生产、再生产，使物资用之不尽，建设乐土。"

松下幸之助恳切宣扬真正使命的声音响彻会场。在场的员工中，有人感动得浑身发抖，甚至流下了眼泪。松下幸之助话音刚落，在场的员工不分老少，不分前辈后辈,争先恐后地跑上讲台发表感想。那天,几乎所有人都发表了感想。

场内一片躁动,松下幸之助本人都没想到员工们会有这样强烈的反应。从那时起,松下电器的发展更加迅猛了。

~~~

前面我们阐述的都是"用终极目标来指明发展方向"的重要性,而这个故事可以说是其终极版。

我们总说成仁成事,这个故事说的就是"我们要成的是什么样的'事'"。对于这个问题,松下先生的回答是"社会使命"。

读这个故事的时候,我尤其佩服的是前半段,松下先生当时的事业已经有了一定的规模,但他自己却总觉得还有点不足,然后在参观某宗教总部的时候受到了启示。

也许,大部分经营者在刚创业的时候都抱有"想要成功""想卖这个商品""想做新的东西"之类的想法吧？他们想要实现的都是自己的利益目标。但实际上，他们却每天都在忙于处理"能生存下去吗""雇个人行不行"这样的现实问题。

商人们都是从这样的自利角度开始经营公司的，不久公司便逐渐成长起来，员工增加了，客人增加了，销售额和利润增加了。随着事业一点一点地发展，经营逐渐变得稳定，经营者的内心也会逐渐充实。

这样发展下去，突然有一天，商人们就会感觉到不满意了。我有时候也会如此。如今想来，那可能是因为我们公司还没有意识到社会使命吧。也许，当时的松下先生也抱有和我们一样的想法吧。

参观宗教总部的时候，松下先生肯定看到了很多信徒在发自内心地为了这个宗教拼命工作吧！我们经营者，都是通过向员工支付工资的方式来请他们为公司工作的，而信徒们则由心中的教义驱动，自发地工作。这是很了不起的事情。

看到这一幕的松下先生一定在想,宗教到底是什么呢?他注意到,如果宗教治愈的是心灵、拯救的是"心灵领域",那么,事业所针对的虽然是"物"的领域,但我们同样也应该有使命感。这样一来,他便想到了"我们实业家的使命,就是消除贫困,让物资变得充足、让社会变得富足"。

- **一桩 Recruit 集团贿赂案,唤醒了我的使命感**

虽然我不是经营者,但我在 Recruit 集团工作的时候发生的一件事,让我意识到了自己的使命感。

说起来已经是陈年旧事了。在我入职三四年的时候,Recruit 集团将 Recruit Cosmos 非流通股转让给政治家和官员,通过贿赂政治家和官员非法盈利,后来 Recruit 集团的贿赂丑闻曝光。

各大综艺节目、新闻节目争相报道、不停抨击,这样的日子持续了将近半年左右。那段时间,公司的销售员上门推销时经常被骂得很惨,甚至递过去的名片都会被撕掉。

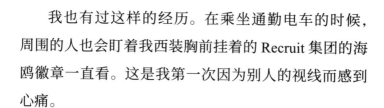

我也有过这样的经历。在乘坐通勤电车的时候，周围的人也会盯着我西装胸前挂着的 Recruit 集团的海鸥徽章一直看。这是我第一次因为别人的视线而感到心痛。

这样的日子持续了很久，不断有人辞职，公司架构也出现了问题，整个公司弥漫着消极的气氛。

在这种情况下，公司进行了一个类似讨论会的项目。公司认为，Recruit 集团贿赂案和我们每天做的工作是两码事，我们要重新思考自己的事业到底有什么意义。

当时，销售员每天要做的事情就是到企业进行上门推销，邀请那些企业在 Recruit 集团的媒体杂志上刊登招聘广告。但是，每次一上门推销就被撕掉名片，如果还靠这种方式去销售，是不可能让销售员持续保持工作动力的。

因此，公司进行了更高层次的思索：我们为了什么去收集招聘信息。

思考之后我们发现,对企业而言,我们要做的是企业的帮手,通过帮助他们招聘人才,来促进企业的发展。对个人而言,我们要做的,就是为他们介绍各种各样的工作。在这一事件发生之前,几乎所有的员工都没有意识到这一点。

如此一来,公司便将视线放在了更高一个层次上,将公司经营的意义定位为"实现多选择化社会"。

在 Recruit 集团发行招聘信息杂志之前,招聘信息并不像现在这样人人都能看到。刚毕业的人如果想找工作的话,只能通过学校发放的招聘表和个人关系,选择非常有限。即使想要跳槽,也会因为获取招聘信息的渠道太过狭窄而难以成功。所以如果选择了一家公司入职,无论这份工作有多么不适合自己,也不可能辞职再去找别的公司。

Recruit 集团改变了这个社会现状,让每个人都能轻松接触到各公司的招聘信息。

而且当时除了招聘信息杂志之外,Recruit 集团还发行了刊登有大量房屋信息的住宅信息杂志。这也是"实现多选择化社会"的一种。这一意义贯穿于所有事业之中。

当 Recruit 集团通过这个项目找到了经营的意义所在时,我们就找回了对自己事业的自豪感。

顺便说一下,发现这个意义的契机,是一位女职员在乘坐电车的时候,看到了坐在对面座位上的人,正在专心阅读一本提供跳槽信息的杂志《改行》。

那本杂志当时每周发行 50 万～ 60 万册。也就是说,每周有 50 万～ 60 万人对现在的工作感到不满,想要寻找更能实现自己价值的工作。

我们想着"每周有 50 万～ 60 万人都对我们每天认认真真地、一个一个收集起来的小广告感兴趣呢!为了这些人努力工作吧",并将这种想法贯彻到了营销活动中。

这 50 万～ 60 万人都在单枪匹马地依靠自己的微薄力量找工作,这多不容易啊!那就由我们来替他们收集招聘信息吧！这样一来，我们不仅帮助了每个想找工作的人，而且帮助了那些想招聘员工的企业啊！

在 Recruit 集团贿赂案发生之前，公司在意的都是代表着业绩的数字，数字越大越好。比如"销售额增加了，比去年增加了 1.5 倍""员工数量也增加了，达到了 4000 人"。丑闻曝光、公司遭到强烈抨击后，我们才有机会讨论"自己所做的事情的本质和意义"，并将其总结，用有力的语言表达出来。

当时我就在人事部从事招聘工作。事件发生的那一年，大量的员工都离职了。与此同时，又有 800 名新员工不顾父母、亲戚、朋友的反对加入我们公司。

我认为之所以能够做到这一点，是因为我们清楚地向世人揭示了我们事业的本质，告知了世人我们要实现的目标。

在此之前，公司的魅力在于"年轻人也能被委以重任"。当公布了发展目标之后，公司在招聘行业中也能立于不败之地。

所谓"使命",就是"使用生命"。所谓使命感,就是感觉到"自己是为了某事,用一生的时间去工作"。

Recruit 集团贿赂案发生在日本经济高速发展时期。

"实现多选择化社会"就属于这个"某事"。而在松下先生的时代,"消除贫困"和"让社会变得富足"就是这个"某事"中最重要的意义。

松下先生通过参观宗教总部意识到了这一点,从而激发了他的社会使命感。这个故事,讲的就是他激发的瞬间。

而得知松下先生的这些想法的员工们,也激动得浑身颤抖、热泪盈眶,不断向松下先生诉说自己的感受。在场的所有人心中都燃起了使命感,大家的心都聚到了一起。

我想,这件事应该是一个转折点,因为此后,松下电器便迎来了飞速发展时期。

目标的魔法 2

明确禁止事项，引导其走向正确的方向

这里介绍的"目标的魔法 2"是指通过明确禁止事项来引导对方做出正确的行为的一种魔法，是一种从反面来进行引导的魔法。

这里介绍的"目标的魔法2"是指通过明确禁止事项来引导对方做出正确的行为的一种魔法,是一种从反面来进行引导的魔法。

与上一节列举的"向某人学习""以某人为目标"等方法相反,"不能做某事""禁止做某事"等方法往往比我们想象得更有效。如果拿高尔夫球来打比方,"目标的魔法1"就像指向目标的果岭⊖和球洞一样,"目标的魔法2"则是指不能越过的界外。

在松下先生留下的故事中,用"不能"这样的话语,表现了很多明令禁止的情况。我们在养育孩子的时候,都会告诉孩子"什么可以做""什么不可以做",效果是很明显的。

那么,让我们一起来看看"目标的魔法2"的具体事例吧。

⊖ 果岭,在球洞周围非常平坦的区域。这个区域的草很特殊,有利于选手将球推到洞中。——译者注

明确"不能做什么"

不能成为光秀[一]

松下电器里有一位员工,他有两个上司,其中那个他很信赖、很仰慕的上司由于工作调动被安排到了公司其他的岗位。他为了表示抗议,也为了表示与那个上司志同道合,就下了很大的决心,提出了辞职。但其实那只是赌气罢了,他内心是不想辞职的。纠结了很久,最终他还是去向松下幸之助道歉,请求收回了辞职信。

松下幸之助于是把这几个人都找来聚到了一起,那个员工也对松下幸之助低头道歉说:"让您担心

[一] 光秀,指明智光秀。日本战国时期名将,1582年发动本能寺之变,起兵谋反,杀害主君织田信长。——译者注

第 2 章
引导出新的行动

了!"松下幸之助马上回应道:"说什么呢?今后大家还要继续操心公司的事情呢!"

于是大家都松了一口气。过了几天,松下幸之助又叫来那个员工,对他说:"你可不要成为光秀那样的人。不要盯着上司的缺点不放甚至试图反抗,那样的话即使你做得再对也终难成大事。没调走的那位负责人确实缺点很多,但我觉得他是个难得的经营者。你要像秀吉㊀那样,与这样的上司相处时要多看看他的优点。"

几乎所有的公司都做到了用语言来表达公司的愿景和理念,但是也有个别的公司明确了一些禁止事项。虽然不多,但是实际上有些禁止事项也很重要。

我们公司就有"十戒",即规定了十项禁止事项。从"不能懈怠健康管理"开始,到"不能懈怠输

㊀ 秀吉,指丰臣秀吉。结束日本的战国乱世,统一日本。——译者注

入""不能闭口不言""不能说别人的坏话""不能像评论家一样发言""不能不与别人分享技术诀窍"等十个"不能做什么",再把它们做成卡片,并让每位员工都随身携带。

其实"不能做什么"这种消极的说法比"需要做什么"这种积极的说法更常见、更具体、更容易执行。

经营者必须一边关注积极方面(具体层面)和消极方面(抽象层面),一边调整公司向正确的方向发展。

- **如果不讲情义,那么你的人生道路会变得越来越窄**

我觉得这个故事是松下先生把谋反的明智光秀这个谁都知道的历史人物作为反面教材,告诫员工"不能背叛、背地里说坏话和不讲情义"。

另外,即使不是像这个故事说得那样不堪,辞职的时候,也有很多人会选择让人际关系变得更加紧张的辞职方式。设想一下你在换工作的时候,如果能让大家心情愉快地欢送你的话该多好啊。但是有一天你突然不来了,采取这种方式辞职的人大概几百人当中就有一个。虽然不像明智光秀那样,但一定是不讲情义的。

一个用不讲情义的方式辞职的人,总有种愧疚感,所以辞职后在大街上和原来那家公司的人碰面的时候,他会不经意地移开视线,逃避对视。如果你不讲情义的话,你未来的道路也一定会越来越窄。

松下先生在这里要表达出来的意思是"不要像明智光秀那样,拘泥于对方的短处来对抗对方,而要像丰臣秀吉那样,多看对方的长处来与人相处",以及"不可以不讲情义,要忠诚地好好工作"。

不光有输出还要有输入

不能只是"读书"

1977年前后,松下幸之助突然出席了以松下电器的干部为对象的PHP经营研讨会。研讨会的目标是从创始人松下幸之助的经营理念和实践案例中,获得日常工作和经营的精神食粮。

松下幸之助在与会者面前说了如下内容。

这次研讨会展示的是我当时这样做的一种想法和精神。但是,现在时代变了,不知道能不能原封不动地照搬过来。所以,我们不应该用当时的那种精神来衡量当今的时代和商业状况。不然就成"死读书"了,那就不好了。

如果在参加研讨会的时候有"啊！原来如此"的感觉，那么你们就能把自己的个性展示出来并发挥到极致。如果不能充分发挥自己个性的话，即使有能力也没有意义。所以，我们自己必须抓住自己的特点。

我所做的，大部分都是利用自己独创的想法，但也不完全是独创。因为在我的脑海里至今还留有小时候当学徒时学到的东西，这些东西应该会在需要的时候迸发出来。即使是做生意，大家的做法也不一定都一样，但各自都成功了，也就是说还是要采取发现自己的闪光点的办法。

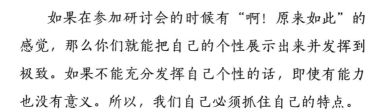

但是也有很多人频繁参加研讨会和说明会，而且只看关于创业的书，但就是不创业。参加研讨会和读书本身就是他的目的，所以他很满足。

松下先生认为那是没有任何意义的，他说要把学到的东西按照自己的方式理解，然后再付诸行动。"不可以死读书"这种说法是将这一道理用浅显易懂的方式来表达。

理论和实践都很重要,松下先生认为"即使听了、知道了,不实践的话也没有意义",不管怎么讲都是要重视实践。

理论和实践就是输入和输出。而且我觉得没有输出的输入是完全没有意义的。

因此首先要决定输出。

比如,计划两周后由自己主办并主持的学习会,这是输出;为了圆满完成这个计划,要了解和学习会议的内容及主持的话术,这是输入。就像这样,如果为了输出而进行输入的话,这个输入就是有意义的。

但是,如果不设定输出只有输入,那么这个活动就完全没有意义,效率也不会提高。总觉得好像是通过学习明白一些东西就满足了。这样的话,就不会有更多的成长。

我也经常对部下说:"不管怎么讨论都没有意义,只有真正做了才是有意义的。"

例如，如果我们把输出设定为下个月面向个人投资家的说明会，那么我们就需要用幻灯片来介绍我们公司和整个集团。如果我们把幻灯片定义为输出，那么为了制作幻灯片，就要收集各种数据和材料，这样做就能以最快的速度有效率地开展工作。

当然，我们也会设定期限。

例如，一家有着十二家分公司的集团，计划举办面向数百名学生的说明会，说明会的目的是介绍集团及下属的各分公司。为了说明会能够顺利进行，集团决定分发所有分公司的介绍资料。在集团中，既有愿意配合集团工作的分公司，也有并不重视这项工作的分公司。

但是由于设定了期限，各分公司都紧锣密鼓地开始了资料制作，按照集团的要求，还准备了集团的介绍。如果不设定期限，也可能有的分公司永远都不会着手准备。

因此不光要有输出，还要有输入。要经常一边输出一边学习。我觉得这个故事传达了输入和输出的重要性。

制定一个绝不妥协的标准

不能出卖你的良心

第二次世界大战后,松下电器曾被称为日本第一的延迟纳税的企业,当时亏损最多工厂是真空管工厂。因为质量控制要求严格,政府官员来检查后,会盖上"合格""二级品"等印章。虽说是二级品,但并不是不能用,当时所谓的"二级品"在工厂里已经积累了三万多只。

有一天,秋叶原的商人来拜访厂长,说想把那些二级品作为垃圾用一百万日元买下来。厂长也为能卖掉而感到庆幸。可是没过多久,贴着跟松下电器相似标志的真空管就在市场上泛滥了。

有一天,厂长被松下幸之助叫去,追问他是不是倒卖了那批真空管。厂长说:"我这不是倒卖,而是作为垃圾以一百万日元的价格卖出去的。我每个月都付不起员工工资，我又不能给生病的员工支付额外的生活补助，材料也买不起。我很痛苦，所以想哪怕是能收回一些钱也好，所以就卖了。"

松下幸之助听了之后这样说："确实真空管工厂连年亏损。但是，所谓真空管，其实就是电子产品的基础。现在确实很遗憾，我们只能从其他公司购买真空管来生产收音机，拿不出真正的战略。但是，无论如何我们都想要自己生产出合格的真空管，所以即使是赤字，我也没有抱怨过你吧。你只是为了一百万日元，就亵渎了松下的事业精神。"

过了一会儿，松下幸之助又盯着厂长的眼睛静静地说："你的事业不应该是这样的。无论赚钱多么辛苦，也不能出卖良心。事业这种东西，应该珍惜每一分钱，但根据时间和场合，有时也不能吝惜一百万日元。如果你不明白这个道理，你就成为不了经营者，也干不出漂亮事！"

"你只是为了一百万日元,就亵渎了松下的事业精神。""事业这种东西,应该珍惜每一分钱,但根据时间和场合,有时也不能吝惜一百万日元。"

这个故事里的两句话真是令人非常印象深刻啊。

如果想要把事业进行到底,就要把该说清楚的地方说清楚。这是底线,绝对要遵守,即使有一定程度的损失也要承担。

我可以跟大家讲一个我们公司被要求降低咨询费用的例子。有一次我们公司的员工收到了客户降价的要求,因为急于签单所以就接受了要求,这和出卖良心是一样的。为什么这么说呢?如果你对自己的商品,也就是咨询业务有自信的话,就应该能跟对方说出"一律不降价"的话来。

这种降价申请一般容易出现在现场交涉处于弱势的时候。从营业的角度来看,因为想要眼前的业绩数字,所以就算降价也想拿到订单。

另外关于录用,我感觉绝对不能妥协。比如说,花了数百万日元发了招聘广告后,虽然没有人能完全达到自己的标准,但也有凑凑合合勉强达标的。

如果花了数百万日元一个人都没能录取到的话,那就等于是把钱丢进了垃圾桶。而且,因为现场经常需要人手,所以不管是临时工,或者是劳务派遣员工,只要能用,还是希望能招聘过来的。

但是,在这儿就不能勉强了。录用了觉得很一般的人也是浪费。"即使数百万日元打了水漂,达不到自己标准的人也不能录取",如果是这样,那么浪费的这一部分钱也只能自己消化了。

希望我们能充分地认识到,要坚持把"不能轻易地降价""不能妥协录用"的精神传达到每位员工。

要以价值为基础思考问题

不能只买便宜的

这是一段关于松下电器制作插座的故事,当时的工厂还没有能力生产插座原材料中的胶木。松下电器一直在考虑设置自己的胶木工厂。有一次,听说有一个胶木工厂经营不善,就有人来问松下电器能否接手这个工厂。

这对松下电器来说正是时候,老早以前就想要的胶木工厂,突然间出现在眼前。于是松下电器马上决定收购,并开始了具体的交涉。

那时松下幸之助说:"不能把价格压得太低再去买,这是因为对方即将破产,处于弱势。如果我们以相当低的价格买到了,那么要考虑对方和社会会怎么看待我们。"

当时,松下幸之助想:"如果松下电器要建一个胶木工厂,就必须从研发开始。那样的话,就需要很多资金。但幸运的是,有人提出希望松下电器收购胶木工厂,也就是说那家工厂需要松下电器,这样就可以说即便贵些也是值得的。"

就是因为这样的想法,松下幸之助没有砍价,而是根据市场价格买下了那个工厂。

我认为"物品价格的定价"有以下三个角度。

第一个是以成本为基础——成本就要这么多,所以就按这个价格去卖。

第二个是以市场为基础——包括竞争者在内,市场上大概就是这样的价格行情,所以我们就以接近它的价格来卖。

第三个是以价值为基础——消费者买这个商品时,

大概就能得到这些利润,所以就以符合这个价值的价格来卖。

松下先生的这段话也是基于价值的考虑。如果在市场上买这个胶木工厂的话,应该能便宜很多。但是,松下先生却不把这个当作理由。

松下先生认为:"如果我们要自己建工厂的话,应该要花更多的钱。既然能收购,就应该支付相应的金额。如果因为对方现在即将破产,我们就去压低价格,这是不对的。"

这段话与前面的"降价"也有关系,但是我们公司的想法是,根据给顾客带来的增益,设定基于价值的价格。其根本在于,给顾客"提供与这个价格相符的价值"。正因如此,接受过度的降价,就等于忽视了自己提供东西的价值。

另外,以价值为基础的想法也可以应用在人才录用的场合。

例如,在不少中小企业和风险企业里,录用一名应届毕业生只需花费 2 万～30 万日元。但是我宁肯为一个人花 150 万日元。我为什么这么说呢？因为如果录用了价值 150 万日元的人，只需要一年就能赚回这个投入。

150 万日元的人才肯定比 20 万日元的人才重要很多。我们要考虑这个人在工作一年以后所创造的利益。如果以三年为基准来计算的话，这两个人创造的利益肯定会有数千万日元的差异。如果想通过人才来创造价值的话，在录用上肯花钱就很重要，绝对不能妥协。这也是基于价值的想法采取的录用方式。

另外，以金融行业为例，把自己的资产以"支付利润的百分之十"为条件委托给金融专业人士，也是基于价值的考虑。

如果投资了一亿日元，后来变成了一亿一千万日元，那么就赚了一千万日元，然后从这里扣除 10% 的一百万日元给金融专业人士。价格是针对增益设定的，是基于价值的。

实际上，价格是由成本基础、市场基础、价值基础或其他要素交织而成的。在这里松下先生选择了价值基础，也就是说他认为价值是最重要的。

但是实际上，对于本应廉价买进的胶木工厂，松下先生没有砍价而是以市场价格买入，在这一点上如果没有很强的信念是做不到的。尽管如此，一想到买了之后在那里工作的人们拥有愉悦的心情，我就认为买得绝对不贵。

但凡是人，都很难做到一边想着"自己的工厂是被廉价收购的"，一边还能以愉快的心情在新老板的身边工作。

每天增加信任余额

不能违背诺言

第二次世界大战前,围绕着某个电器产品,业界曾进行过激烈的竞争。如果产品成本是十日元的话,明知吃亏,有些厂家却以七八日元的低价出售。为了解决这个问题,各厂家的首脑聚集一堂商量解决办法,希望扭转越卖越亏损的状况。当时那个年代还没有出台反垄断法。

松下幸之助虽然年纪很小,但还是作为工厂主之一参加了会议。当时会议的决议是越早恢复到正常情况越好,所以根据决议,各厂家决定了"当天涨价"。

然而,在那之后约一个半月,在工厂主的会议上出现了这样的对话。

"松下幸之助,只有你一个人的电器产品当天涨价,真是岂有此理!"

"啊,是这件事啊!因为之前的低价出售太不像话了,所以我决定恢复到原来的销售价格,而且会议的决议也是当天涨价啊。所以我就这么做了,怎么了?"

"也许是这样。但是,其他厂家的前一万个产品,或者说在第一个月还是按以前的价格销售,大家都在以某种方式努力着。只有你一家当天涨价是不是有点太不像话了?"

松下幸之助听了之后大吃一惊。当天涨价是各厂家的代表在认真讨论、协商之后决定的。可是其他的厂家却没有立刻按照那个约定来执行,相反我遵守了约定反而被指责。所以松下幸之助决定不能再这样沉默下去了。

"我觉得大家都说松下电器当天涨价的行为太不像话,这我也能理解。但是,那是约定啊,所以我才执行的,而我也是今天才知道其他厂家没有按照这个约定执行。如果大家都以那些不履行约定的制造厂商为准的话,那就没办法了。你可以从其他厂家购买那个商品。"

松下幸之助这么一说,之前一直抱怨的人也说:"还是你做得对。确实如此,我明白了。今后还要从你那里买。"这样一来,松下电器的信誉反而提高了。

这个故事要传达出来的思想是"工作上或者经营上最重要的就是信任"。

无论是工作人员还是经营者,只要积累信任就会得到回报,那就是"自由"。

比如我,创业的时候信用和信誉都是零,租借办公室和开设银行账户都很困难。但是,通过这些年踏踏实实地积累信任,现在如果我说"我需要30亿日元开创新的事业",银行肯定会全力帮助我;如果我说需要录用100位人才,那么很多优秀的人才都会来应聘。

就像存款一样,信任的余额存得越多,一旦有紧急情况发生，可以自由选择的方式也就越多。

而且信任是由"约定"和"执行"孕育的。"严格遵守约定"，然后"严格执行"。只有反复这样，才能积累信任。

松下先生遵守了那个信条。他相信"当天执行"的价格上涨是"约定"，所以马上就执行了。正是由于松下先生的说明，注意到这一点的厂家反而更加认为松下先生是可以信赖的人，并发誓今后也要购买松下电器的产品。从这一点上可以清楚地看出，绝对遵守约定的态度，或是要遵守约定的态度是多么重要。

但是，这种信任余额和在银行的存款不同，不是那样清晰可见。现在我们自己也不知道还有多少信任余额。可是，一旦发生了什么事情，信任余额就会一下子显现出来。

比如我吧，独立开公司的时候，想到在 Recruit 集团工作了十四年，积攒了这么多的支持者和援助者，有感激不尽的惊喜。

如果我们身边有一位身体健康、态度认真、从不迟到的员工打来电话说"我发高烧了，今天不上班了"，那么公司的人都会担心"那个人因病请假，病情一定非常严重吧"。相反，如果是一位总是偷懒、散漫的人打来电话，就会被大家认为"又来了"，谁也不会为他担心。

虽然平时看不见信任余额，但是像前面所说的"一旦发生了什么事情"的时候，或是出现如上例子时，信任余额就会出现在眼前。正因为看不见，所以平时才应该有意识地好好储蓄。

> 安心的魔法

背负责任去干

　　这里介绍的"安心的魔法"是为了给朝着这个目标迈出步伐的人提供安心感,并且张开安全网的方法。如果说"目标的魔法"是从前面拉当事人,那么"安心的魔法"就是在后面推当事人。

第 2 章 引导出新的行动

在前面，我介绍了让部下的意识和行动发生变化的"目标的魔法"。在这里，我将向大家介绍让部下发生变化的另一个魔法——"安心的魔法"。通过"目标的魔法"，虽然提出了新的目标、意义甚至禁止事项等，但最终还是要推一下当事人。

人基本上都不喜欢变化，而且还害怕变化。无论别人怎样说"朝这边走""你要达成这个目标"，但具体到要迈出这一步的时候还是需要相当大的勇气。

这里介绍的"安心的魔法"是为了给朝着这个目标迈出步伐的人提供安心感，并且张开安全网的方法。如果说"目标的魔法"是从前面拉当事人，那么"安心的魔法"就是在后面推当事人。

这跟让孩子学骑自行车是一样的，需要辅助车轮和父母的帮助，为了让人改变，需要适当的陪伴和安全网。

那么，通过松下先生的"安心的魔法"，让我们来看一下让人们朝着新的方向前进的事例。

下属的行动才是最强的撒手锏

你一定能做到

这是 1926 年松下电器首次着手开发电熨斗时候的故事。

松下幸之助叫来了年轻的技术人员,说:"现在市面上有两三家公司在做电熨斗,用起来都非常方便。但遗憾的是它们的价格都很高,厂家生产出这种东西就是为了给市民提供方便的,但却让很多人因价格问题使用不上。所以我想能否通过合理的设计和量产,尽可能地生产出便宜的电熨斗,让所有人都能享受这种惠民的商品。眼下从师范学校毕业的在小学里教书的老师们的工资都很低,基本上都是租住小楼的二层生活,但是为了让这样的人也能买得起,就必须把现在四五日元的价格降到三日元左右。我想让松下电器来实现这一目标，你看怎么样？"

技术人员非常认同松下幸之助的想法。这时，松下幸之助立刻命令道："你来负责这个电熨斗的开发。"

那位技术人员虽然有着金属加工的经验，但对于电熨斗等电热相关产品却一无所知。当然就只能推辞了。

"这个我一个人实在做不到。"

松下幸之助接下来的这句话充满了力量和诚意。

"不，可以的。你一定能做到。"

就是这样一句话，一下子打动了青年的心，他顿时热血沸腾，当即向松下幸之助表态："这是一项非常有意义的工作。虽然能力有限，但我会竭尽全力去做的。"

正如松下幸之助希望的那样，价格低廉、方便的国民产品超级电熨斗在那之后仅三个月就被创造出来了。

为了让部下能勇敢地奋力向前，领导需要让部下放心，并在背后默默地支持他。

对于工作的人来说，能让领导相信自己的能力也是一件非常开心的事。"你一定能做到"这句话有着撒手锏般的力量。

我在快 30 岁的时候，也有过类似的经历，现在说起来仍记忆犹新。

那是在 Recruit 集团的时候，我接受了一次培训。说是领导培训，但其实不是针对高管，也就是一般企业里主任级别的现场管理人员的培训。

我们采用模拟培训法，每个人都扮演顾问的角色，当时一位比我大 10 岁的部长对我说"你是我的竞争对手"。

那位部长和当时的我一样都负责招聘工作。而且他过去还曾经取得过很多成绩，年纪轻轻就当上了部长。这样的人对我说"你是我的竞争对手"。我想其中一定蕴含着"你有这样的才能和把控能力，所以要满怀自信地去做"这样的信息。

我一个还不到 30 岁的小伙子,只接受了主任级别的研修,和先前那位部长相比,不论是资历还是年龄都相差甚远,一般来说,这不是可以称为竞争对手的关系。但我还是很高兴,总觉得有点暗自小确幸的心情。

部长认可了我的能力,他认为我有完成任务的可能性,这一点让我感到很受鼓舞。

松下先生和这位部长为什么都认为"那个人一定能做到"呢?这一部分并没有详细说明。并不一定非得要有什么根据和理由,只用"你一定能做到"或"你是我的竞争对手"这样简短的话就传达了这样的意思。

其实,那个年轻的技术人员和我,都只需要有那样的鼓励就足够了,这是一种有效的鼓励传达方法。

松下先生不仅仅停留在创造便宜的电熨斗这一件"东西"上,更是上升到了"电熨斗应该普及到谁都能够享受"这一"事情"的高度,也就是把"意义"和"目标"很好地传达给了技术人员,在指示技术人员开发的同时又在背后推了他一把,说"你一定能做到"。

那位技术人员被松下先生的信任打动了,对于松下先生所说的"你一定能做到"这句话,他应该给出"没错,我能做到",这种无条件充满自信的回答。

另外,我认为还传达出一个信息就是"从更高的角度来考虑全体部门的人选吧"。

当时的我有很多"我一定能提高自己团队的成果"这样的想法,但是从那个部长的角度来看,我应该考虑其他的那些团队。因此,我想他是不是用了"竞争对手"这一表达来告诉我"不要局限在狭隘的视角里,请从和我一样的视角来考虑部门整体的事情吧"。

顺便说一下,那位部长现在担任我们公司的监事,至今也和我保持着很好的关系。

勇于尝试,没有做不成的事

不能比这更差

1955年,东京营业所的无线电课长接到指示,要调去九州的小仓营业所当所长。对于才35岁年富力强的他来说,这是明显的升迁。但是他却并不怎么快乐。

"要成为营业所所长,就必须要看到整个九州地区的经营、销售、人事等所有东西。以前,松下电器在九州的势力很强,可以说是固若金汤。但是最近由于电气化的热潮,市场进入了'战国时代',松下电器的势头也有所下降,处于极其严峻的状态。这是让我去一个未来事态不明朗的地方啊……"

对于在东京生活习惯了的课长来说,九州是一个遥远、陌生的地方。松下幸之助对掩饰内心不安接受任命的课长说:"你这次要去九州了。实际上九州以前非常好,但现在情况不好,可以说现在是最低谷了。也就是说,你去了以后不管做什么都会有业绩提升。再也不会有比这更坏的时候了。有些地方即使你再拼命,业绩也不会提高。但是,你要去的地方是越做业绩越好的,你可去了好地方啦。你很幸福啊。"

在这段故事中,松下先生为课长去处于严峻状态的九州营业所当所长张开了安全网。

对课长这一方,也就是接受了命令后去执行的一方来说,获得了极大的安心感。获得了安心感,内心就会变得从容,就能积极健康地迈向前方,充分发挥出自己的能力。

人类生来就有过度害怕失去的心理。在行为经济学的领域里,这被称为损失厌恶,通过实验也证明了这一点。从同样数额的损失中感受到的痛苦比从同样数额利益中得到的满足感要大,也就是说人们对损失的评价比利益更大。

这个课长的不安感比升迁的喜悦更大。松下先生对此表示"再也不会有比这更坏的时候了",甚至还说"你去了以后不管做什么都会有业绩提升"。也就是说"就算不行也是本来的事,所以你要果断地做些什么"。

松下幸之助说出这样的话以后,就会给人一种感觉,"反正现在已经是最差的情况了,所以谨慎也没意义,不如索性就尽情地做吧"。这时的课长心里就会燃起一团火,心态反而变得积极了。经营者在员工感到不安的时候,就需要张开这样的安全网。

如果反过来说"现在是危机状况,要有危机感。不要再损失了,拿出你的责任感"这样的话,被说的一方反而会变得更加不安、畏首畏尾。在这种状态下,被说的一方不可能浮现出恢复业绩的想法,其结果也只会朝着相反的方向发展。

如果说"没关系,就算你失败了公司也不会倒闭""即使亏损三年也没关系,你可以放心大胆地试试",这样就能张开安全网,员工就不会畏首畏尾、停滞不前了,而是毫无束缚地按照自己的想法轻松地工作。

令人意想不到的是,松下幸之助原本做好了亏损三年的打算,结果不到两年就实现了盈利。松下先生的话语带来了可喜的结果。

张开安全网

你工作得太辛苦了

1962年10月,松下电器与中国台湾地区的资本合资成立了台湾松下电器,员工有百余人,主要产品是收音机和音响设备。但是初期的经营非常艰难,成立后大约不到一年的时间,公司就出现了与资本金等同的赤字。

负责人向松下幸之助汇报了其中的情况。大约20分钟后,一直认真听取汇报的松下幸之助终于开了口,说:"你能从中国回来真不容易,就送你一个礼物吧。你工作得太辛苦了。"

负责人大吃一惊,原以为做了业绩不好的报告,一定会受到斥责,没想到还能得到奖励。

"台湾松下电器现在每月都亏损,在你这个负责人看来是受不了的。但是这个损失是工厂没有充分运转、销售网络也还没有完全搭建起来造成的。这种时候,你啊,慌慌张张地做东西,如果出现不良产品,那损失可就大了。在销售网络没有完全搭建好的情况下,采用不妥的销售方式,导致出现坏账,那损失就更大了。所以在工厂充分运转、销售网络搭建好之前绝对不能着急。不能太拼命了!"

这个故事和前面一样,说的也是"张开安全网"。松下先生并没有对报告台湾松下电器经营情况不好的负责人进行责骂,而是对他表达了一种观点,"中国台湾地区法人的销售网络还不够完善,所以是赤字,不必着急。总之,赤字也好,不得不这样做也好,我作为高层是很清楚的,所以不用着急"。

"比自己地位高的人会关注自己,好好地理解自己"，这样就会给那个人绝对的安心感。

相反，抱着"上面的人不理解我"这样的想法，对上司、公司的不信任感、孤独感和不安感就会不断积累。在组织里工作的人，基本上都有过这样的经历吧。

像台湾松下电器这样的情况，部下向上司报告消极情况时，大多数上司都会对部下说"这是怎么回事？""这不是不能做的吗？""说说如何逆转这种状况的方案吧"。像这样事无巨细地寻找理由，还要分析进展不顺利的原因，或者是强行让报告者提出改善方案等。

但是，在这个故事里，负责人本来以阴沉的心情来报告不好的情况，却意想不到地听到了松下先生说的这样一番安慰的话。这一定会给充满不安的他带来安心感，给了他深深的喜悦和感动。虽然不知道那之后会怎么样，但是我想这个负责人一定会把这句话记在心里，在他日后的工作中一定会起到很好的作用。

观察着对方的变化而做出反应

第一次是体验,第二次是失败

1955年前后,由于竞争激烈,电机行业变得非常混乱。松下电器的代理店中也出现了倒闭的情况,损失总额达到了数百万日元。

管理倒闭代理店的东京营业所所长感到了压力,拿着检讨书去总部见松下幸之助,一一报告每家店所蒙受的损失,给多少客户增添了麻烦,原因在哪里,最后低下头说,"问题还是出在我的监督力度不够,真的非常抱歉,为了不再重复这样的失败,我制定了如下措施,目前做了如下处理"。

一直在听的松下幸之助问道:"是吗?你啊,第一次就算作体验吧。但是,如果第二次出现的话,那可就是失败了。以后不要再犯了。说说你最近的市场情况怎样吧？收音机和灯泡怎么样啊？"

本来东京营业所所长是做好了要受到严厉处分的准备的，结果松下幸之助的话让他激动得热泪盈眶。

~~~

这个故事和前面的"你工作太辛苦了"如出一辙，松下先生真的是很认真地看着对方来做出反应的。

松下先生没有对东京营业所所长做出严厉处分，只是告诫他"以后不要再犯了"，恐怕是因为他报告的内容非常令人满意吧。

不要隐瞒失败，不论是谁的责任也都不要逃避，要正确对待负面情况，勇于承认自己的错误，从影响范围到原因，甚至连处理措施都报告了，我觉得他做得很好。

正因为如此，松下先生看到了这位所长的为人，觉得他是一个值得信赖的人，所以才能说出让他安心的话语,"第一次就算作体验吧。但是,如果第二次出现的话,那可就是失败了"。

如果我和松下先生站在同一立场上,我也绝对不会责骂这位所长。不如说,我希望这份经历能作为更大的动力,促使他在今后的工作中取得更大的成绩。

人越是站在自己的立场上,就越是在意面子,越是想隐藏失败,越容易贸然做事。松下先生在其著作《员工心得帖》中说,"这比犯错误更可怕"。

最终,刻意隐瞒一定会成为失败的诱因,给周围的人带来损失,就像自己勒住了自己的脖子。越是地位高的人就越要把这件事情牢记在心。

对待犯了错误的人,要保持温和宽容的心态。这是为了缓解员工对失败的恐惧,能够让他们正确面对失败并做出反应,能够心无旁骛地工作,给他们安心感。

伸出热情的援手

和疾病成为朋友

某位干部病倒住院了。医生说"需要疗养一年左右的时间""绝对安静""谢绝会面"等,面对医生接二连三的警告,他也彻底沮丧地躺在了床上。这个时候松下幸之助突然来访。

对于松下幸之助的探望,这位干部非常吃惊,马上下意识地要站起来。松下幸之助连忙制止了他,说:"不用起来,不用起来,病人们都休息了。"

然后,松下幸之助又说了如下内容。

"你生病真是太好了。好不容易生了病,要好好保重自己的身体。其实你也知道,我年轻的时候身体也很虚弱,也得过重病。现在我要感谢我得过的病。你也要感谢自己的病。

"我啊,虽然总是生病,但是从来没有逃避过,和疾病是朋友。你也不要害怕疾病。如果因为害怕生病而逃走的话,那么它就会从后面来追你。你和疾病成为朋友后,你越是积极地接受治疗和接近它,它就越想从你对面逃走。和疾病成为朋友的话,还能从疾病那里得到毕业证书。

"你啊,也不用全听医生的话。其实,真正的主治医生是你自己。医生只不过是你最好的顾问。

"没关系,你的病一定会好的。要珍惜疾病,治好了要感谢疾病。带着感谢生病的心情,做点什么纪念活动吧。"

~~~~~

对于因生病而沮丧、焦虑,想着"必须早点恢复"的人来说,松下先生充满同情心的话语一定能让人安心、感到抚慰。

生了病的人一般都只会考虑眼前的事情，比如住院生活的艰辛、剩下的工作如何安排，等等。

松下先生从长期的角度出发，提出了"和疾病成为朋友"的建议，一定可以改变这个干部的短期观点。再加上"没关系，你的病一定会好的"，就消除了他的不安心理。

我想正是因为松下先生自身有得过重病的经验，所以才想出了这样温柔地面对疾病并伸出援助之手的方法吧。

提拔人才：考虑大家的情绪

提拔人才需要考虑地位下降之人的感受

在日本，人事提拔是件非常难的事，按照多年的惯例，大体上论资排辈的情况居多，就连我也没有得到过特别的提拔。

但是，有时必须要提拔某个人让他来发挥自己的特长。那时，还是需要适当地考虑其他人的感受。

比如，要提拔某个人当课长时，尽管那个人在职场得到过很多前辈的关照，但是如果想越过前辈直接提拔他的话，这种情况下单是向那个新任的 A 课长递交任命书，宣布 A 成为课长还是不太合适的。如果是我来做，我会进行明确的切割。也就是说，要让最老的前辈代表向那位新任课长宣誓。

第 2 章
引导出新的行动

A 接到课长的任命。然后，A 说："今天开始我被任命为课长，请大家多多关照。"这时，最老的前辈站起来，代表全体课员向课长致辞，说："我们发誓要遵从课长的命令。"那一刻，课长的等级就会瞬间发生变化。

根据看法的不同，这种做法可能也会让一些人有不好的感觉。但是如果不严格按照这样的做法去做的话，不知道课长会在什么地方和其他人产生隔阂，课长也只能跟他们讲客气话。那样的话，整个课室的管理就会变得困难，公司也会很为难。所以，我要让最老的前辈宣誓。这样的话，就完全不一样了。

在提拔年轻人的时候，不能只给职位，说"要好好努力"，必须要像这样好好照顾他们。这是非常重要的，如果社长没有注意到这一点，公司就无法顺利运作。

但是，在进行这样的人事提拔时，作为社长，不能被个人感情所驱使，不要根据自己的好恶去做事，还是要看他是否适合那份工作，这是根本。我认为人事提拔必须具备这样的态度，正因为有了这种不被私情所束缚的态度，才能得到其他员工的认同并协助得到提拔的人做好工作。

《经营的诀窍：发现这里价值百万》

我们公司也会经常召集大约 500 名中小风险企业的企业家，定期举办学习会和聚餐等活动。

在那里，我也经常听到"虽然试着提拔人才，但是完全行不通，结果又恢复了原样"的对话。风险企业的企业家，特别是在年轻的企业家中，有很多人喜欢提拔人才。人事提拔并不是坏事。

但是，如果不特别注意的话，别说没有成果了，有时反而会给团队内部留下隔阂，使气氛变差。另外，如果经营者反复无常地随意提高或降低领导的地位，领导的地位也会被轻视，还会丧失员工对公司的信赖。

提拔某个人，就等同于让其他人降职。虽然实际上并不是给谁降职，但是从某种程度上来说，提拔某个人，原来与他同级的人员就等同于降职，上下级关系就完成了。

但是，进行人事提拔的一方，一般都只关注提升的人，而没有注意其他地位下降的人。因此，即使被提拔的一方完全没有那个意思，未被提拔的人也会觉得"那个人（被提拔出来的人）给社长留下的印象很好"，从而增强了对他的戒备心理。如果任由这种情况持续下去，被提拔的人就很难按照自己的想法让其他人工作。

在进行人事提拔时，必须充分比较和考虑"提升他，就要降低其他人"和"谁都不提升，也都不降低"这两种情况哪一个对整个团队来说会带来更好的结果。

在这个小插曲中，松下先生在提拔人才的时候，让那个队伍最老的前辈在大家面前做了宣誓和贺词，这是为了提高被提拔的新任领导的权威，整顿新队伍。松下先生是为了让被提拔的人更容易活跃在舞台上而协助他的。我想正是因为用心关注了地位下降一方的心情才能够考虑得如此周密细致。

对于人事变动来说，最重要的是"是否有很高的认同度"。

当然每个人所感受到的认同度也有不同。有人说"为什么那个人会被提拔，我无法接受"，也有人说"果然那个人升职了"。这在某种程度上也是没有办法的事。

但是，总体来说，如果大多数人都能接受的话，会让人觉得"公司（或经营者）还是很认真地关注着现场的"，从而加深对公司的信任感。

另外，我认为人事变动是"经营者最大的信息"。根据人事变动，现场会收到像"原来如此，那个人升职了。公司现在正朝着这样的方向前行呢"这样的信息。

相反，如果牵扯到经营者的私情，把没有什么实际成绩却受到经营者宠爱的人提拔上去的话，就会给员工传递"看来，这是一个只讲人情和面子的公司"

的信息。这个绝对要避免。

为了提高人事变动的认同度，在预定提拔的人升职前还要在公司内部做一些准备工作。比如在公司内表彰他，或者无意间把他作为焦点，等等。另外，刚升职的人，考虑到年龄的差异，队伍还是尽量换成年龄接近的成员，这样更便于开展工作。

为了更容易提升成果,下放权力

交给你,但不是扔给你

有句话叫"正因为喜欢才能做好"。原则上如果把工作交给喜欢这种工作的人,这样不是更好吗?我觉得这样做的话,很大概率工作会做得更好。

…………

当然,就算是交给他去做,他也难免会暴露自己特有的缺点。对于那个缺点,作为经营者来说是必须要改正的。如果他努力了也改不好的话,那就必须要换人了。

换言之,就是"交给你,但不是扔给你"。正如字面意思那样,是"把工作交给你",而不是"把工作扔给你,之后就不管了"。

经营者不管在什么场合,都必须有自觉承担全部责任的意识,有这种意识的话,在给下属委派工作时,就一定会经常关注下属的工作过程。

虽然交给了下属,但在经营者的脑海中还总是不停地分析下属的工作过程。有时还会要求下属汇报,在出现问题的时候,给予适当的建议和指示。我觉得这才是经营者应有的姿态。

当然,既然交给他了,就不应该管得太细了,在某种程度上要宽容一点,我觉得这样能培养那个人。但是犯错的时候,必须要及时予以纠正。疏忽了关注,就等同于把自己连同这个自己认为会做得很好的人都放任不管了。如果是这样,我认为这个经营者是极其不负责任的。

另外,受托方也应该清楚这一点,应该报告时,就要认真报告。但是其中也有人因为"交给我了,我就可以随心所欲",在不做任何报告的情况下擅自推进工作,最后出错。这种情况下,原本委托给那个人就是个错误的决定,所以必须要换人。

经营,不管怎么说都是要看人的情况,在这一点上,不能凑合。无论是委托方还是受托方,都必须时刻认真对待。特别是作为经营者,应该总是用认真和锐利的目光,时常自我审视是否把最合适的人用在了最恰当的地方,这一点是很重要的。

《经营的诀窍:发现这里价值百万》

我经常会被风险企业的经营者问"我想下放权力,要怎么做才好"。

对此我的回答是"本来就需要问一下,是否应该下放权力"。

然后,以昆虫和脊椎动物为例,谈谈我的看法。

你觉得这个地球上最繁盛的动物是什么?

答案是昆虫,因为昆虫不会长大。

例如,独角仙有保护内脏的壳,不会长得比现在的尺寸大,不能像猫、人类、大象那样,这是因为独角仙没有脊椎。

假如说按照现在的样子放大的话,相应地,壳也会变大,内脏无法承受这种变化。昆虫最大能达到什么程度,是由物理法则决定的。

实际上,从世界的角度来看,像昆虫这样的生活方式,在生命的历史上(或者现在)是最顺利的。昆虫是繁盛的物种。

而且我认为在公司运营中也有昆虫般的生活方式和做法。所有的经营者都会变成保护内脏的壳,保护、掌握全部权力。

例如,如果是20人的公司,即使不下放权力,经营者也可以一个人管理销售、商品制作、会计等事项。保持权力平衡的形式也是公司存在的一种方式。如果选择这种方式,就不需要下放权力了。

相反,如果想让公司更大一点,就必须考虑进化成脊椎动物。在地球的历史上，最初长出脊梁骨的恐怕是海洋生物，不久之后它们中的一部分便登上了陆地，成为陆地动物。如果以那个为目标的话，绝对需要下放权力。

经营者在考虑如何下放权力之前，应该先决定公司是走"昆虫路线"还是"脊椎动物路线"。

- **掌握好下放权力的终极目的**

如果想让公司做大，想通过脊椎动物路线使其进化，就必须要下放权力。

那么，首先要掌握的是"下放权力的终极目的"。

终极目的只不过是取得了"交给你太好了"或"交给我太好了"这样的成果而已。更进一步说，公司繁荣，在那里工作的所有人都能得到满足，也就是说，实现"我为人人，人人为我"的状态。如果搞错了，以"下放权力"为终极目的，那肯定会失败的。

松下先生所说的"交给你，但不是扔给你"意味着,虽然工作是交给他了,但绝对不是放任不管。委托方会仔细关注之后的事情。如果受托方的思想和行为出现偏离,委托方会立即纠正,所以委托方首先是保护者。

如果只是"交给了别人",那么受托方多半会半途而废,但如果是以"做出成果"为终极目的,那可以说是非常合理的方法。

- **下放权力是由具体内容决定的**

那么具体来说,应该如何下放权力呢?

我认为,最重要的是一开始就要想清楚把"什么权力"下放到"什么程度",然后从下放其中一部分权力开始。

虽然这件事说起来简单,但是就算把经营者该做的事情全部委托了出去,也没有谁能完全承担得起来。就算把整个营业部或者整个项目的权力全部下放出去其结果也是一样的。

另外,"把工作全部扔给他"之后,可能变成"不能给他提任何意见"的状态。这样一来,指挥命令系统就本末倒置了。

为了避免出现这种现象,在初期,委托方和受托方都要做好关于终极目的的沟通,并达成共识,再去履行"把什么权力下放到什么程度"的协议。在此基础上要仔细商榷并决定"能不能让对方决定具体做法""能不能让对方收集材料"等事项。

而且,既然委托了人,委托方就必须在一定程度上控制自己的过度干预。即使受托方做了和自己想象中不一样的事情,也应该避免干预太多。如果不多加注意,反倒会削弱受托方的干劲。

当然,任何事物都是两面的,并不是说完全交给对方就好。如委托方听取报告后,还要创造共享信息的机会。这样一点一滴地积累成果,就能在委托方和受托方之间逐渐建立起信任关系。到这个时候,就可以像把球扔过去一样将工作放心地交给受托方了。

此前，我们强调过，在反复约定和执行的过程中，信任余额就会逐渐增加，那时就没有必要一一检查了。受托方也会在关键时刻向委托方报告，与委托方商量。信任是节约时间最好的措施，也是降低成本的最好办法。

委托方在开始委托的时候，最好把委托的范围划分得细致些，为了不偏离目的，要仔细检查并共同交流，让受托方充分理解，则更容易取得成果。为了能够积累小小的信任，委托方要关注受托方。

一条"抓紧救生索"的留言

电话教育

有一个年轻的职员被任命为灯器厂的厂长。在赴任后的两周里,松下幸之助每天早晚两次,有时还在半夜,给这个厂长的家里打电话。

"今天的工作人员怎么样,来了几个人?"

"有什么为难的吗?"

"今天的销售额是多少?"

从那之后,打电话的频率从三天一次,到一周一次、两周一次,逐渐减少。松下幸之助用电话交流的方式培养厂长。有时也会采取下面这种方法。

在向美国出口灯笼的时候,那个厂长接到了松下幸之助的电话。

"现在有多少灯笼?"

松下幸之助刚听到回答,接下来又问:"灯笼有专利吗?"

"有三件。"

"你有没有把专利许可印刷在纸箱上啊?"

厂长没有自信,老实回答说:"我想大概有吧。对不起。"

"像专利许可这样的东西必须要印在显眼的位置。"

"好的,我马上确认一下。"

厂长挂了电话之后马上确认了一下,确实在纸箱上印刷了专利许可,心想"啊,太好了"。

几天后,厂长去总公司的时候,松下幸之助的秘书对他说:"最近社长对你提了很多关于灯笼的问题吧?其实,那个时候社长是一边看着灯笼的纸箱一边给你打的电话。"

听到秘书这样说,厂长感到很吃惊。

我想这个故事是说委托了之后，委托方（松下先生）向受托方（厂长）传递了"你要好好地关心你的工作"的消息，好像陪在受托方（厂长）身边一样。

松下先生一边看着纸箱，一边问年轻的厂长"你有没有把专利许可印刷在纸箱上啊"，这并不是诱导厂长说出真话。

高层会从不同角度提出各种各样的问题，以示关心。特别是在最初的时候给予员工这样细致的关照，对培养人才非常有效果。

另外，根据不同的问题，受托方的想法也会发生变化。被提问后，受托方可以知道上司会注意什么，会倾听什么。那样的话，自然会准备好他关心的事情吧。

这段故事是年轻员工被任命为厂长后两周内的事情。恐怕这位厂长开始时是充满了不安的。松下先生经常早晚打来电话，问"今天的工作人员怎么样，来了几个人？""有什么为难的吗？""今天的销售额是多少？"这些问题。这样重复了很多次以后，这位厂长就会觉得"松下先生很关心我，我不是一个人"，会非常安心。

像这样，能感受到"别人在背后支持我"，特别是像这个故事里说的那样，对于新上任的倍感压力的厂长来说是莫大的支持。

相反，"明明不知道有谁在背后支持我，我却不得不在新的工作地点努力"这种状况，对谁来说都是可怕的事情。大概也有被压力击溃的人吧。

松下先生的行为表达了强有力的鼓励，好像说"我在你的背后好好地支持你，你就放心干吧"。

你可以向和你不投缘的上司学习

就算你侍奉一个坏主人

这还是第二次世界大战前的故事。有位制造部部长到公司一看,发现自己的桌子和储物柜不见了。一直以来跟他关系不好的上司突然决定把他调到仓库里工作,他的下属由原来的450人一下子减少到了2人。

部长虽然曾经下过决心要辞职,但重新考虑了之后决定"等一下,就算是把它搞成日本第一的仓库后再辞职也不晚呀"。于是他每天早上五点开始就待在仓库里,对仓库进行合理化改造。

有一天,松下幸之助突然来到了仓库,问:"在这种地方干什么?你的工厂里都出了次品。这是怎么回事?"

第 2 章
引导出新的行动

部长说明了被降职至此的情况，控诉了他与上司意见不同的事实。松下幸之助制止了他，说"你啊，虽然有很多话要说，但是人啊，想要成功的话，好主人，坏主人，不管侍奉哪种都是学习啊。好主人的话可以学习，坏主人的话不听也不行啊……"

根据松下幸之助的裁决，那个被降职的部长的调动由他自己负责，以后不能随意调遣，这件事情就解决了。

把"主人"换成现代式的"上司"来解释也没问题吧。因为性格不合等理由，很多人都会因为和上司的人际关系而烦恼。但又不能选择上司，这也是没办法的事。

对于好上司，部下可以看着他的背影进行模仿学习。但如果是坏上司，部下就可以把他作为反面教材来分析。无论是谁，重要的是都要有学习的姿态。

这也是我自己经常遇到的事情。在杂志采访的时候被问"你尊敬的人是谁"这样的问题。那个时候我会列举松下先生和坂本龙马等人的故事,但实际上,每次被问到这个问题,我都会很困惑。之所以这么说,是因为我没有做出一种信仰某个特定人物的姿态。

我觉得我是从迄今为止遇到的所有人那里学到知识的。不管是好上司,还是坏上司,都像松下先生所说的"模仿一下吧""这样说的话部下就不会跟着你了",等等,好的坏的都学到了。

另外,我也从比自己地位低的员工那里学到很多。"这个人的逻辑真厉害啊""这家伙坚持到最后都不放弃的姿态真厉害""这个人失败时道歉的方式真是厉害""这家伙拜托事情的方法真让人心情舒畅",就这样,我抱着只吸收好的东西的意识,来了解其他人的不同之处。所以,我很难说出特定的人物。

而且,也可以分析态度不好的客人的行为再进行学习。比如,员工站在客人的立场上,都会感觉到"没有那样说话的啊""客人采取那种态度的话,员工也会失去干劲吧"。无论是客人,还是上司、部下,我们都有机会从他们身上学到东西。

在不投缘的上司手下工作，一定会很辛苦。但是，稍微改变一下观察的角度，"正因为处于这样的时期，才能学到东西""现在是学习的绝好机会"像这样积极地看问题是很重要的。

松下先生大概想要开导部长：即使在坏上司手下做事，也有能好好学习的地方。只要好好学习，就总有一天会成功的。

CHAPTER 3
第 3 章

落实在行动上

| 习惯的魔法 |

锁定正确的新行动

要想锁定正确的行为、理想的行为和新的举措并将其坚持下去,这里为您介绍一种方法,它叫作"习惯的魔法"。它是指人们为了不忘新志、持续前行而努力将某种动作常规化,或将某物常伴身侧,或借助周遭力量相互提建议的行为。

就如前文反复阐述的那样,要想吸引他人的眼球并引导其进行下一步的动作,需进行如下三个步骤:"解冻""改变""再次冻结"。本节将为您介绍如何依靠"习惯的魔法"来实现第三阶段的"再次冻结"。

无论目标和意义多么明确,我们在背负着它们前行的过程中,持续开展新的行动是非常困难的。遗憾的是,没有多少人能将他们在年初时制订的一整年的计划坚持到当年夏天。回顾我们的日常生活,我们树立的减肥、节约等目标,能持续下来并长时间坚持下去都是非常困难的,这一点广大读者也应该深有同感。

要想锁定正确的行为、理想的行为和新的举措并将其坚持下去,这里为您介绍一种方法,它叫作"习惯的魔法"。它是指人们为了不忘新志、持续前行而努力将某种动作常规化,或将某物常伴身侧,或借助周遭力量相互提建议的行为。

即使你让人们充分意识到了目标和意义,也让人们明确了目标和意义,但最终都要用"习惯的魔法"

来"再次冻结"新的行为,这点尤为重要。如果我们忘记了这点,或者又回到了原点,那么先前的努力就都将成为泡影。

从本章的故事和发言中,可以看出松下先生自己也在为"持续"苦苦思索,而这苦苦思索的结果,就是总结出了"习惯的魔法"。让我们从不同的角度来介绍一下。

养成态度积极的好习惯

成功的秘诀

有一种秘诀,能让你进入公司以后当上部长,甚至走向更重要的职位。这种秘诀的第一步,就要从入职第一天回到家如何向家人汇报开始。

在你入职的第一天,一般会举行入职仪式,高管们也会发表讲话,介绍公司情况和工作内容。当你听完后回到家时,家人通常会问:"你对公司感觉如何?"此时,如何汇报是非常重要的。若你和父母说"这是一家没有给人留下深刻印象的公司",他们会非常担心。即使你说"我还不太了解",他们仍然会担心。如果你铿锵有力地汇报说:"虽然我还不知道细节,但是今天听了高管们的介绍,我觉得自己进了一家很好的公司。所以我会很愉快地工作,也愿意在这里多工作。"父母听后会高兴地松一口气,说:"不错,就在这里好好干吧。"能不能做出这样的汇报,是成功的第一道门槛。

这听起来没什么,但如果你做不到,我觉得你未来是很难成功的。永远不要以为,即使你不这么说,你的父母也能了解。如果你真的认为自己加入了一个无聊的公司那就另当别论了,但只要这家公司和你的预想差别不大,那么你对父母汇报的第一句话就应该是"这里很好,我就在这里工作了。"我想只要有这种心理暗示,一切就都会如你所愿。

开始工作后,再次见到朋友的时候,他可能会问:"你的公司怎么样啊?""很高兴我加入了一家非常好的公司,我很喜欢这里。""你那里真这么好吗?""是的。我准备在这家公司工作一辈子。"如果你这样回答,你的朋友会说:"真了不起。"这样的回答也会激励他们。

当你见到亲戚时也要这样说。"你们公司是生产什么的?""我们生产这样的东西。""是吗,既然这家公司这么好，今后我们也使用你们的产品吧。"由于你的一言一行，你的家人、朋友和熟人都对你的公司留下了良好的印象。就这样，在人与人之间的口口相传中，公司的口碑就建立起来了，销售额也增长了。世上真有这样的事情。

然而就是这么简单的事情，很多人却都不去做。长时间以来，我遇到了很多其他公司的员工，他们都在抱怨"我们公司没意思"，而说"这是一家很好的公司，我在这里要尽我所能"这样的人却很少。富有建设性的事情永远不可能从一直抱怨的表象中诞生。

所以能始终秉承夸赞公司的态度和心理的人，在任何一家公司，都会受到重视。公司也在迫切寻找这样的人。像这样的人，不让他成为董事或高管还能让谁来呢？尽管他没有索求，但是重要职务一定会给到他。

权当是被愚弄了一回，请尽快实践一次试试看吧！

《员工心得帖》

这个故事,说明了当父母、亲戚和朋友问起公司情况时我们的回应态度的重要性。但我想,松下先生的初衷并不是要求我们去宣传公司,也不是要我们去跟谁都说"没问题,这是一家好公司"。

松下先生大概是想要告诉我们,当我们面对一件事情时应该保持什么样的态度吧!换句话说,他想要说的是:"我们必须养成积极看待任何事情的好习惯。"如果你处理事情、理解问题的方式方法都积极向上,你就能得到很好的结果。

我将这种态度称为"正向的连锁反应"。

"如果以积极的态度听取公司的介绍,你就会认为这是一家好公司。"→"因为我认为这是一家好公司,所以我愿意在这里工作。"→"我很高兴在这里工作,所以我要努力。"这就是我所说的连锁反应。

听你这么说,周围的人也会说:"这公司这么好的话,那我就去买你们公司的产品。"之后"正向的连锁反应"会持续下去,加上你的努力,最终会助推你走向成功。

我经常告诫员工,"不要在背后说他人的坏话"。我在"目标的魔法2"中提到的公司规定的"十戒"中,也规定了"不该做的事情"。

但是"背后说好话"却另当别论。背后说好话是指在那个人不在的情况下说"那个人某件事做得非常好"或"他这些地方很棒"。我希望大家多说这样的话。

坚持这样做,这个"正向的连锁反应"转着转着就会回馈到你自己身上,人际关系也会变得更好。

我觉得松下先生正是将这一串连锁反应背后所显示出的规律看得很通透,才会强调正确对待公司以及向父母和朋友进行正面反馈的重要性。

即使某一天你在某件事情上犯了错误,也可以把它当作一次很好的经历,或者当你面临一项对你来说非常艰难的工作时,你也可以暗示自己遇上了一份好工作。这个真的很重要。

实际上，我们都不知道自己眼下的处境或者目前的工作对于我们来说是好还是坏。我们做的所有选择中都有赌的成分，进入哪家公司、做什么样的工作、与谁打交道，在我们做出选择前，没有人知道自己的选择是否 100% 正确。

选择一家公司时，无论你事先对这家公司进行了多少调查，都不可能知晓公司里所有的员工，也不会了解所有的工作内容。我们能收集到的信息是极其有限的，一定会有你看不到的、要你赌上一把的地方。

而这场赌局是否能赢，就取决于我们日后是否努力。松下先生积极阳光地将其总结为"绝对能让你至少当上部长的秘诀"。对此，我的进一步解释如下。

要积极地看待你新加入的这家公司，同时向你的家人及周围的人传达你对这家公司的积极看法，如此，它便能真的像你宣传的那样，成为一家口碑很好的公司。而你的这种努力和"正向的连锁反应"的协同效应不久后便将为你带来巨大的成果，最终，你一定能被委以重任，当上部长或升任更高的职位。

- **让"刚刚好"成为你的口头禅**

为了能够自然地表现出这种积极的态度,我们必须将它变成一种习惯。

所以,在讲课时我总是说:"当你遇到让你感到不安或不舒服的事情时,可以施一个'咒语'。那咒语就是'刚刚好'。"

比如,当有人向你报告工作中出现了错误或者有了麻烦时,也要先说"刚刚好",接着再说"那么,让我们以此为契机强化检查机制",或者说"刚刚好,让我们以此为契机纠正一下业务流程"。

此外,在经营公司时,经常会遇到你希望留住的人才却提交了辞呈的情况。这种时候,你也可以说声"刚刚好",然后让我们借此机会从基层重新培养人才。

不管遇到什么困难,试着先说声"刚刚好"。通过这样的口头禅,我们可以培养出积极向上的心态。

而且，在面对这种情况时采取什么样的行动也很重要。换句话说，说完"刚刚好"之后，我们又该说些什么呢？

上文提到的"让我们以此为契机强化检查机制""让我们以此为契机纠正一下业务流程"和"让我们借此机会从基层重新培养人才"等，都很适合在这种场合中使用。

先说出"刚刚好"这句咒语，再配合这句话开展之后的行动。也就是说，在积极的思维方式之下展开活动。这是一个非常有效的方法，所以请大家务必尝试一下。

顺便告诉大家，我们公司在受到雷曼事件冲击的时候，就发生过这样的事情。由于我们是上市公司，受冲击后股价震荡，处境艰难。投资者们接连不断地打来电话追问："为什么股票会下跌？"

当时我的反应却是"刚刚好，我们公司的股价变得如此便宜。我们可以借此机会让员工多买些股票来控股公司，让我们把激励机制做得更好些"，并按照这样的思路采取了各种行动。

如果不是"刚刚好"的咒语，我可能会将时间浪费在"股价下跌了，我收到了很多质问，我该怎么办"等这些无谓的事情上。

当然，即便有这个咒语，我们大多数人也很难有相应的意志力去立刻应对困难、解决困难。我们别无选择，只能靠训练。

但是，放眼世界我们便会发现，也有很多人在陷入焦虑或不安的境地时，过着就此消沉、抱怨、借酒消愁的生活，而不去采取任何行动。而那些积极向上、爱奋斗的人则会说："刚刚好，正好利用这个机会……"这些习惯了乐观面对、采取下一步行动的人，即使不能马上脱离苦难，他们也一定能够领先于他人前行。

开启 PDCA 的循环

早上计划,白天执行,晚上反省

我在管理松下电器的过程中,不时会谈谈我的生意经,有时也会将它写下来。最近也听到很多人说让我总结一下。所以我选择了其中的一部分,以这种方式回顾一下。我认为,以下提到的基本姿态对于做生意来说非常重要。

这个基本姿态就是要保持佛教徒式的生活方式。佛教徒每天早上祈祷,晚上感恩。我们每天工作时也要做到早上计划,白天执行,晚上反省,如此周而复始。同样道理,每月月初和每年年初也要计划,然后年末反省。五年后我们回顾一下,就会在一定程度上了解这五年所做的事情,什么是好的,什么是不好的。

从我自己的经验来看,即使没出什么大差错,五年后再重新思考,我也认为一半是成功的,一半是不必要的,或是失败的。如果你边走边思考,就可以在迈出下一步时少犯错误。

总之,做生意重要的是计划、执行和反省,而我自己也再次深刻地意识到要加倍重视这个做生意的基本姿态。

《经商心得帖》

这段话强调了将计划、执行和反省作为一系列流程去坚定执行的重要性。这句话用现代的方式来表达,就是"让 PDCA 循环起来"。

在这段话中,松下先生想说的正是"让 PDCA 循环起来,才能从中吸取教训,从而迈向下一步"。将他的这种想法归结为一句话就是"让 PDCA 循环变成一种习惯"。

我们公司的新员工培训中有一个环节,就是新员工进入公司后的第一年,在每天工作结束时都要向各部门的所有前辈发送"回顾邮件",邮件的内容基本都是"今天一天都学到了什么""注意到了什么",等等。而且收到邮件的前辈也需要对新员工进行反馈。

在一天的工作结束时,需要花些时间回顾这一天的工作。我们要把这种回顾当成工作的一步,并养成习惯。

我们公司是以电子邮件的形式来进行的,如果你想要自己一个人做,那么我建议你采用"记日记"这种有效的方式。每天睡前回顾当天发生的事情,可以整理当天的经历。通过记录它,也可以从不同的角度分析和把握今天所注意到和学到的事情。

从不同的视角来客观地看待自己是非常重要的。人类与其他动物一样,如果不加以控制,他们只会根据每次感受到的刺激而行动。除非你刻意尝试学习某些东西,否则任何经验都将变得毫无意义。

如果在这个过程中你有所感触,哪怕它只是一个小小的体验或意识,也要在自己身上进行反省。然后解释、再解释,并把它以文字的形式记录下来。如此一来,就有可能从微小的经验中提炼出下一步的正确做法。如果你一再重复这种做法,并让它成为一种习惯,那么无论你遇上什么事情都可以从中学到经验,从而不断成长。

前职业棒球选手松井秀喜的座右铭很有名:

心变了,行动就会改变;
行动变了,习惯就会改变;
习惯变了,人格就会改变;
人格变了,命运就会改变。

的确,你的人生会因思维方式、行为方式和习惯的改变而改变。

重复程序,提升人性

为了不要忘却的记忆

我认为,要想培养出素直之心○,一个最重要的事情就是下定决心、并牢记这个决心。人心就是这样,无论你当初的决心多么坚定,随着时间的流逝都会逐渐消退。而且,即使有人能做到不消退,他也很难在平日里,在其所有的想法、态度和行动中,都保持一颗素直之心。就算他做好了以一颗素直之心去工作、去生活的准备,但一旦忙起来,他在某些场合就很容易陷入私心,最终导致失败。我觉得这是人之常情。

○ "素直之心"指放下私心,看清事物的原貌。——译者注

因此，我们应该想出各种方法来防止这种情况的发生。

比如，我们不妨试试将素直之心与某个物件联系起来并始终随身携带。我们可以制作一个"素直徽章"，始终将它佩戴在胸前，这样就不会忘记了。除此之外，我们也可以制作一些丝带、戒指或是念珠之类的东西，关键是要一直佩戴，才能时刻提醒自己保持一颗素直之心。

此外，也可以自行定下某种动作或者手势，与你做好的物件同时使用。比如，遇到危机时或祈愿某事能成功的时候，我们会不自觉地双手合十祈祷。

…………

当我们想要拥有一颗素直之心、想要用素直之心去处理事务的时候，我们不妨也尝试一下，想一个特定的动作。一做这个动作，就想起了自己想保持一颗素直之心的决心。这个动作一旦成为一种习惯，那么无论在什么场合都能很自然地做得出来。如此我们便不会忘记自己的初心，实践起来也比较方便。

其实，想要时刻保持一颗素直之心度过每一天，只要我们多加思考，类似的方法便能想出来很多。随身携带某个物件、做某个特定动作这两个方法是我刚才提到的，我们也可以将两者结合起来试一试。

也就是说，我们可以花一些心思设计一种"素直之心护身符"，把它放在胸前的口袋里，时不时地去触摸它一下，就可以想起自己的初心："这个护身符，可以让你以素直之心待人，以素直之心处事。你触碰了它，就一定能以素直之心去对待人，而且你也必须这么做。"这样一来，你就会怀有一颗素直之心，轻松地度过每一天。

《为了拥有一颗素直之心》

这篇文章的主题聚焦在"素直"上，但我认为松下先生在文章中列举出的防止遗忘的方法是可以用于任何事物的。文章中介绍了制作"素直徽章"、双手合十以及制作"素直之心护身符"等各种方法,这也反映出松下先生已从本质上看清了人类是容易遗忘的动物。

人都是这样的。无论多么强烈的决心和意念,都是一念之所起而已,放任不管的话,再强的决心都会如烟雾般弥散殆尽。为了永远地记住它,我们就必须下些功夫,让这些想法一直持续下去。

给大家介绍我大学入学前为了牢记初心而做出的一些努力吧!

我高中的时候,每天就知道玩橄榄球,根本不读书,所以高考时没有被任何一所大学录取,过上了无业游民的生活。但我居然奇迹般地通过了京都一所名校的预科考试,因此我在京都租了一间有六个榻榻米大小的公寓一个人住,每天都很努力地学习。由于我是无业游民,生活费都是父母给的,当时我就对自己说:"这是我该努力的时候了。"

在这里生活几周后,我注意到一个事情。就是从公寓的窗户可以看到京都塔,每天晚上 12 点整的时候,塔上的灯都会"砰"的一声准时熄灭,每天都是同一时间。注意到这点后,我决定每天都要学习到这一刻。

所以每晚临近 12 点的时候,我都会停止学习,打开窗户,盯着京都塔。看到灯熄灭后,再专心学习三到五个小时。我每天都这样,坚持了八个月,为了不忘记认真学习的决心,我便把这种决心与京都塔联系起来,使之程序化了。

另外再举一个最近的例子,我现在每年大约要讲 70 次课,为了提高专注力,我也设计了一个程序。

讲课之前,我总会去洗手间洗洗脸,用手帕擦干,然后再拍拍脸。之后,拿着手帕走上讲台。这个程序就是这样简单,但是通过这样的动作,就可以集中精力讲课而不会感到紧张了。

偶尔也有忘记带手帕的时候,我便会心神不安。这种时候,我就算是跟我的秘书借块手帕也要完成这个程序。这样一来,我就可以做到丝毫不紧张地站上讲台了。

▪ **在程序中融入祈祷**

我把松下先生的文章、我自己考大学时期的京都塔的故事和我讲座之前的程序设计放在一起思考时,一个大胆的假设浮现在我脑海里。

松下先生介绍的各种帮助我们秉承素直之心的方法,是否包含着一些咒语或祈祷的元素呢?

就说我自己吧,无论是看京都塔的灯光消失的时候,还是讲课前洗脸的时候,心里都是抱着"希望我能考上大学""希望今天的讲座能成功"等愿望,而当时内心中起码有一到两成是在祈祷的。

之所以会突然这么想,是因为无论考试还讲座,靠自己的努力都无法保证100%的成功。即使拼尽全力了也最多只能保证99%,最后那1%还是待由天定。或许考试当天你生病了,又或许考题与你自己预测的发生巨大偏差,导致考题与你所准备的内容完全不同,这些情况都是有可能发生的。

即使在讲座前你准备得非常完美,而且主题也是你早已经熟悉了的内容,但听众中若有一个恶意搅局的人说"什么呀!就这种话题?回家!",这时,你就会感觉一时间空气都凝固了。

你知道蝴蝶效应吗?一个微小的变化,会带来一个完全意想不到的结果。比如"东京的一只蝴蝶偶尔扇扇翅膀,也许会引得纽约刮起一场飓风"。

这样看来,这个世界上发生的事情,总会有1%是只有上帝才能知道原因的。而我们人类别无选择,只能祈祷那1%的部分不要发生不可预见的情况。

譬如你打出了今天最好的一杆,但如果突然刮起一阵风,球就不会飞到你预期的地点。为了避免此事的发生,专业高尔夫球员会专门去进行相应的训练以积累经验,从而使球尽可能接近预期的地点,但仍然不能保证球能100%进洞。

从这个意义上讲,那1%就是一个超越人类认知的世界,有如偶然、缘分和命运等人力所不能及的领域。所以我认为越是努力的人就越谦虚。越努力,你就越能意识到事物的深奥,越能触碰到未知的领域。

高考也是这样,真正学过了的人才会担心自己考不上。相反,根本不学的人反倒不担心。就是因为认真学习了,所以才会担心。我想这也是只有努力的人才会有的情感。

就我而言,也许是京都塔的祈祷起效了吧!早稻田大学政治经济学院部分考题跟我几天前在预科学校做的题目完全相同,我能考上也许就是因为这个。如果当初我没有那样祈祷,也可能会落选。

为了记住一些重要的感受和决心,我将它们与物品和行动联系起来,通过这种方式使之程序化。而就是在这些程序中,我们萌生出了些许对于未知的祈祷,我们也因此而变得谦虚了。

当我读到松下先生的这些文字时,不禁感受到这里甚至包含了能提高人格魅力的内容。

充分发挥团队的力量

经常诵读

我原以为,在日常生活中,我们只要深刻地认识到素直之心的重要性,并强烈地想要拥有它,我们就能逐渐培养出素直之心。但实际上,我们往往又会因为太忙而忘却了自己的初衷。

因此,为了不忘初心,我认为有必要将"让我们拥有一颗素直之心吧"或"让心变得素直"等句子,作为一个口号,在适当的时候、适当的场合把它喊出来。

比如早上见面的时候,我们可以这样互相问候对方:"早上好!今天让我们继续保持素直之心吧!"我们在召开工作会议之前,也可以让大家一起先喊一个口号：让我们以素直之心来思考问题，然后再进入工作。此外，不管遇上什么事情，我们都可以不断地提到素直。我们可以说"你若是素直地去想，事情是不是就会变成这样呢"，也可以说"你若是素直地去看，这件事是不是可以这么说"，等等。

如此这般，无论行走坐卧，在我们日常生活所有的谈话和行动中，我们都要把素直放在心上，并大声说出来。在这里我们可以称它为"专心素直"。而且不光是自己素直，同时也要和身边的人一起养成素直的习惯。

我们不论思考什么、做什么，都能像这样一心想要保持素直，我们身边的人也是如此，久而久之，保持素直之心就自然而然变成了一种习惯。从此往后大家便都以素直之心考虑事物、判断事物，彼此的心也就会贴得越来越近。

《为了拥有一颗素直之心》

和前面一样，这段话的主题也是"素直"，介绍的保持素直、不忘初心的那些方法，我们也一样可以应用在任何事情上。

前面介绍了使用"素直徽章"和"素直之心护身符"来保持素直的方法，也介绍了设计合掌之类的动作来强化初心的方法，这些方法都可以由一个人单独完成。

前面介绍的主要方法是：对于下定决心的事情，尤其是抱定"素直"的信念想要持续地执行下去的事情，我们都应该尽量将它与某种物件、某个动作结合起来。我们要经常看、经常触摸这个物件，或者经常做出这个动作，那么在每次摸到它、每次做出这个动作的时候，我们就会自然而然地想起这个信念。

这里主要讨论借助他人力量和群体力量的方法。

一个人保持一些想法当然很重要，但如果这个想法与整个公司的共同意识是一致的，或者这个想法同时也是全体人员的共同目标，那就应该依靠大家的力量去实现它，这样才会更有效果。如果只是一个人闷头做，很容易三天打鱼两天晒网。

比如,你可以在问候语中加入表达决心、感受和目标的词语。松下先生给出的例子是说:"早上好!今天让我们继续保持素直之心吧!"或在召开工作会议之前说:"让我们以素直之心来思考问题"。

我们也可以把这个方法活用在别的事情上。如果你是在办公室工作,最近的工作主题是推行新举措,那么我们就可以说:"早上好,今天让我们为新举措而努力吧!"在当天的回顾会上,我们也可以互相问问对方"您今天为新举措作了什么贡献呢?"这和此前提到的PDCA循环一样,不失为一种有效的方式。

如果你在工厂之类的工作,大家在开工之前可以说"今天也要注意安全哦"。还有,有人觉得"您辛苦了"这句问候语稍稍有些消极的意义,因此有些公司将这句话改为了"你好呀",而这些问候语,在广义上与我刚才提到的方法都是相同的,重点就是要大家一起说出来,像这样喊成口号才行。

- 即使对方没有反应也要继续进行

无论说多少遍,对方都未必会给你回应。尤其是领导者,经常被置于这种孤立的境地。

但没反应也要继续说。如果你想改变下属,首先必须改变自己。总之,要自己先动起来,振臂高呼,感化大家。哪怕大家没有反应,自己也要毫不动摇地继续重复同样的话语、重复发送同样的信息。

只要坚持这样做,不久之后你身边的人就会开始对此有所反应。接着,附和你的人越来越多,逐渐形成一种氛围并蔓延到周围,最终感染每个人。

一开始,只有自己一个人在这么说的时候,会觉得自己傻乎乎的,时不时也会问自己:"我这到底是在干什么呢?"而此时,支撑着你继续做下去的动力,就是上面提到的那些为了不忘初心而做出的努力。换句话说,也就是你设计的那些动作或是那些你随身携带的物件。

自己一个人做,或是借助于他人的力量一起做,这是两种不同的方法,也是帮助我们不忘初心的两个好工具。将这两个工具巧妙地结合起来使用,就能帮助我们把理想的行动习惯化、固定化。

利用语言的力量

分享体验

如果大家都充分了解了素直之心的含义和内容,在日常生活中也能时时留心、经常践行的话,我们就会逐渐地培养起以素直之心看待事物的思维方式。同时我认为,还有一种重要的方法也能帮助我们培养这种思维方式,那就是"分享体验"。

所谓"分享体验",就是指每个人都将自己以素直之心所看到的、想到的,以及做到的内容都分享出来,在互相形成参考的同时,也顺便就各自分享的内容进行探讨,这样也会加深每个人对素直之心的理解。

也就是说,每个人所处的立场、所经历的生活、所开展的活动内容都各有不同。虽然大家都抱着同样的素直之心去修炼、去实践，但实际的形式和内容或多或少都会有所差异。每个人的生活和活动都局限在自己的范围内。因此，我们往往只知道自己的修炼方式，却不知他人是如何实践的。

而这个时候，如果我们都把自己的体验分享出来，那么我们就可以了解其他人的实践方式。这样一来，你就有可能会注意到你以前没有注意到的地方，同时还能得到各种启示。

…………

那么，如何和大家一起分享自己的体验呢？如果你们是五个人，那么你们就可以找一个地方，每个月聚一次，将自己修炼素直之心的方式分享出来。比如，有人分享的是工作经历，有人展示的是家庭生活，还有人讲述的是在街上偶遇的事件。这样，每个人分享的都是自己独特的体验，针对这些体验，你们可以进行各种评判或者探讨，比如"A先生完美地保持了一颗素直之心""B先生的这段经历稍微有些不素直",等等。

若是要给这种聚会取个名字,我们可以称之为"素直会""素直讲座"或"素直研究会"等。通过这样的聚会,和好友亲密交谈,分享彼此的感受和想法,将极大地促进、培养、增强我们的素直之心。

《为了拥有一颗素直之心》

把自己的体验呈现给对方,是一种对记忆的重组,其效果就像前文说的记日记一样。而且,你还可以从别人那里得到反馈,也可以通过听取他人的分享,获得以前所不知道的信息。

和前面一样,松下先生在此也以"素直"为特色,将其应用到其他事物中去进行思考。

你眼中的自己和别人眼中的你,是有着很大差距的。比如,你本以为自己挥舞高尔夫球杆的姿势是很酷的,而一看照片你就会发现自己要不就是胳膊肘弯了,要不就是腰没有用力。当我们客观看待事物时,它就会显现出不同的样子。

把这个道理放在思想、人格之类的无形之物上也是说得通的。在心理学上有一个"镜像自我"的说法,意思是"以他人之眼为镜,了解自己在别人眼中的样子"。我们可以通过身边人的言行、他人对自己的态度等线索,来了解"我是个什么样的人"。

一个人不用镜子就看不到自己。同样,不通过别人的反应也不知道自己是什么样的人。因此,即使你认为自己做了一些素直的事情,但在他人看来,可能评价却是"仍有不素直之处"。而这种评价,让我们得以重新审视自己,也能让我们朝着素直的目标快速成长。

此外,评价别人的体验,或者观察其他人之间的互动也是一种很好的学习方式。彼此分享经验、共同思考,学习起他人的经验来会更容易一些。

除了各种"素直会"之外,我们还可以举办"新举措分享会"和"提升客户满意度某委员分享会"等会议,在会议主题中体现我们的目标并提醒我们时刻牢记"素直"。

▪ **取一个新名字并尝试渗透**

松下先生还提到,可以将这种聚会取名为"素直会""素直讲座"或"素直研究会"。或许松下先生比常人更能直观地感受到文字的力量。

这里讲一个很早以前的故事,很多年前我在策划一个杂志项目时,与日本国家足球队前教练冈田武史有过一次交谈。冈田先生说,在他任职之前,有一位教练叫汉斯·奥夫特,奥夫特教练在任职期间将"眼神交流"这个词引入球队的日常训练中。

这件事儿放到今天也依然不可思议,难道在那之前日本足球界居然没有眼神交流吗?冈田武史说,奥夫特教练引入这个概念,并让球员们勤加练习之后,球队的比赛水平很快就得到了提高,日本足球的竞技水平也迅速得到了提升。

也许,在此之前球员们在进行传球等动作时,也会进行正常的眼神交流,但是,把它用语言强调出来后,球员们的眼神交流就会从无意识转为有意识。奥夫特教练把眼神交流的重要性提升到了和传球、运球、射门一样的位置去积极训练。通过这样的做法,球队水平得到了快速提升。可以说这也是一个彰显文字力量的案例。

拥有一个名称,就意味着人们对这个名字背后所代表的内容很关心。

我经常举这样一个例子,日本人一般对"蝴蝶"和"飞蛾"区分得很清楚。但法国人却统称它们为"papillon",没有区别。只有在特意强调的时候,才会把白天活动的蝴蝶叫作"白天的papillon",把在夜间活动的飞蛾叫作"夜间的papillon",大多数时候是不会特意区分的。

当蝴蝶飞来时,日本人都会觉得"好漂亮啊",而当飞蛾飞来时,会觉得"很脏,很讨厌"。但法国人则不论是蝴蝶还是飞蛾飞来,都会认为是"蝴蝶飞来了"。这表明,拥有一个名称,拥有一种固定的表述之后,人们看待它的方式也是会受到影响的。

在商业世界里,名称和表述也同样重要。松下先生之所以要给体验发表会取名,是因为取了名字后,名字所代表的信息更容易在人们心中渗透和扎根,而且所有的参与者还可以通过共享新名字而产生集体感。

▪ **我们公司让员工分享体验的举措**

在我们公司,各个部门在每个月的月末都会根据当月的主题和概念举办分享体验的会议。

尤其是新人,每个月都必须参加这个会议,并且还要在大家面前分享这个月学到了什么,有了什么进步。前辈们则负责选出进步最快的人,在选票上还要写上投票人姓名和简短的评语,被投票的新人则需要查看这些评语。

会议一般会在正常工作结束后的晚上,在各部门的会议室或者大厅内举行。一般部门一次会议的时间大概在一个小时到一个半小时,但咨询部门好像要开五个多小时。形式大概就是一个人分享完之后,大家一起讨论或一起思考。

要想建立理想的行为和意识(换句话说,要想实现"再次冻结"),就需要创造出这样的发表机会,准备好这样的发表场地。

- **防止会议陈腐化、淡漠化**

这样的会议开得次数多了,很有可能会走向陈腐化、淡漠化。

为防止这种情况发生,最重要的是扛着旗帜的领导必须继续保持坚定的意志。如果成员之间弥漫着无所谓的情绪,那就无法坚持下去了。

这就是所谓的群体心理。比如,当聚会提前结束、大家走出店门的时候,都感觉自己好像有点没喝够。这时大家一定会在心里揣摩接下来去哪儿、要不要找个地方继续喝。在这种氛围下,如果领导说一句"走",那么大家一定会一起响应"那我也去",最后几乎所有人都会跟着走。

在群体生活中,看到别人的态度再做决定是很常见的。如果此时有一个强有力的领导者来引领,就会出现一两个支持者,最终将带动整个群体一起行动。

领导者要牢牢把握这种群体心理,在保持高度积极性的同时不断引导、率先垂范。

结束语　POSTSCRIPT

感谢您读到了最后。

无论在哪个时代，管理者和领导都会头疼的就是关于"人才"的事情吧。我自己作为企业的经营者，也是与最苦恼的"人才"和"组织"等主题每天格斗的一个人。

我如此大胆地通过此书，以"让松下幸之助的人才管理论在现代复活""尝试把与松下幸之助相关的珍贵的故事和讲话体系化"为目的，尝试了超越松下先生研究者的立场，将各种各样的故事和讲话总结为引出人的变化的三个步骤："解冻""改变""再次冻结"，将它们分别分成"时间的魔法"和"空间的魔法"，"目标的魔法"和"安心的魔法"，还有"习惯的魔法"这五种方法。这些都是给人以新的发现，引出期望的行动，进而使之继续的人才管理的方法。

本书的目的达到了何种程度，为读者们提供了多少有益的材料，只能任凭大家自行判断。在面对众多松下先生的故事和讲话时，作为作者的我确实产生了各种各样的想法。通过本书，如果能为更多的管理者和领导提供一个"契机"，如果能让他们感受到让人才发生变化、变得耀眼、打磨自己的奥妙和喜悦，我会感到无比高兴。

最后，我能得到撰写本书的机会，承蒙大力协助的 PHP 研究所的中泽直树、樱井济德、辰本清隆、大村玛利的关照。以支持我执笔的"链接和动机"公司的日野美里为首，我对与本书出版相关的所有人表示深深的感谢。